Daisy Gräfin von Arnim

# Wunder in meinem Leben

francke

**Über die Autorin:**
*Daisy Gräfin von Arnim* ist gelernte Buchhändlerin. Nach der Wende zog sie mit ihrem Mann Michael ins Boitzenburger Land in der Uckermark, wo die Familie von Arnim jahrhundertelang beheimatet war. Dort betreibt die Unternehmerin das Apfel-Delikatessengeschäft „Haus Lichtenhain“.

Bibliografische Information Der Deutschen Bibliothek
Die Deutsche Bibliothek verzeichnet diese Publikation in der Deutschen Nationalbibliografie; detaillierte bibliografische Daten sind im Internet über http://dnb.ddb.de abrufbar.

ISBN 978-3-86827-525-4

35037 Marburg an der Lahn
Die Geschichte „Heinze und das Wasserwunder“ ist erstmals 2010 in der Zeitschrift Lydia erschienen. Abdruck mit freundlicher Genehmigung.
Umschlagfoto: © Yorck Maecke
Umschlaggestaltung: Verlag der Francke-Buchhandlung GmbH / Christian Heinritz
Satz: Verlag der Francke-Buchhandlung GmbH
Druck und Bindung: CPI books GmbH, Leck

www.francke-buch.de

# Inhalt

*Für*

*Gabi & Matthias Schmöcker*

*Meiner Lektorin Kathrin Arlt*

*danke ich von Herzen*

# Einleitung
# Wundergedanken

Woran denken Sie, wenn Sie das Wort *Wunder* lesen oder hören? Fällt Ihnen ein besonderes geschichtliches Ereignis ein oder eine Sensationsmeldung, die Sie vor einiger Zeit gelesen haben? Erinnern Sie sich an eine ungewöhnliche Begebenheit in Ihrem eigenen Leben oder dem eines Bekannten? Sind Sie gedanklich automatisch bei den Wundergeschichten der Bibel oder schütteln Sie den Kopf, weil Sie der Überzeugung sind: „Wunder – die gibt es doch gar nicht! Erst recht nicht mehr heute!"?

Ich bin in den letzten Jahren oft gefragt worden, ob es nicht eine Fortsetzung von „Die Apfelgräfin" geben würde. In diesem Buch erzähle ich von meinem Aufwachsen im elterlichen Tierpark in der Sagerheide, wie ich meinen Mann kennengelernt habe, wie es uns in die Uckermark verschlagen hat und wie aus mir nach etlichen Irrungen und Wirrungen „Die Apfelgräfin" wurde. 2010 ist es erschienen und es handelt sich dabei gewissermaßen um meine Biografie. Mit knapp 50 Jahren bereits eine Biografie vorzulegen, erschien mir schon etwas anmaßend, aber kaum fünf Jahre später eine Fortsetzung zu schreiben, wäre meiner Ansicht nach geradezu vermessen. Ich erlebe zwar viel, aber so viel nun auch wieder nicht. Und deshalb habe ich immer abgewiegelt. Ein Gedanke ließ mich allerdings nicht los: Wenn, ja, wenn ich noch einmal ein Buch mit Begebenheiten aus meinem Leben schreiben sollte, dann müsste es „Wunder in meinem Leben" heißen. Und es sollte darin nicht in erster Linie um mich, sondern um Gott gehen. Darum, wie er sich in meinem Leben zeigt, wie ich seinen Schutz immer wieder erlebe. Besonders im Rückblick kann ich erkennen: Er ist und war immer da – in jeder Phase meines Lebens. Ich möchte Sie in diesem Buch also mit hineinnehmen in die großen und kleinen Erlebnisse mit Gott in meinem Alltag. Ich möchte Sie dafür sensibilisieren, dass es auch heute noch Wunder gibt. Und ich möchte Ihnen Mut machen, auf Gottes Gegenwart in Ihrem eigenen Leben zu achten. Denn ich bin davon überzeugt: Er ist auch in Ihrem Leben anwesend und tut etwas! Im Leben eines jeden von uns gibt es Wunder.

Wenn ich mit Menschen über dieses Thema spreche, kommt oft schnell ein gutes Gespräch in Gang und mir werden eigene Wundergeschichten erzählt, verbunden mit großer Dankbarkeit. Schärft man seine Sinne nur ein wenig dafür, stellt man überraschend häufig fest: Ja, hier passiert gerade etwas, das ich nicht selbst beeinflussen konnte. Viele sagen dann: „Was für ein Zufall!" Ich sage, das war bestimmt kein Zufall, sondern höchstens, hier fiel mir etwas zu. Es war ein Wunder.

Die Bibel berichtet davon, wie Gott bis in das kleinste Detail des Alltags mitwirken will und mitwirkt. Es werden viele Wunder geschildert, nicht nur im Neuen Testament. Es wird von Brot und Wachteln erzählt, die vom Himmel fallen, von einem geteilten Meer, von Kranken, die gesund werden, und Jesus, der tot war und auferstanden ist. Er hat Wasser zu Wein gemacht, Brot vermehrt und ist auf dem Wasser gelaufen. Diese Berichte sind nicht als bloße Geschichten von einst zu verstehen, sondern sie sollen uns ermutigen zu sehen, wie Gott wirkt und was er auch heute tun kann. Jesus lebt ja.

Je mehr ich mich mit der Bibel beschäftige, stärkt und bestätigt dieses meinen Glauben an Gottes Macht und seine Größe. Mein Glaube an diesen lebendigen Gott und meine Erfahrungen lassen mich Wunder auch in meinen ganz kleinen Alltagssituationen erwarten. Dabei ist für mich allein schon die Tatsache an sich, dass er in mein Leben eingreift und mich als seinen Augapfel betrachtet, etwas Wunderbares. Wer will davon nicht mehr und immer mehr!

Als Christen sollten wir uns ruhig öfter gegenseitig fragen, was wir in der letzten Zeit so alles mit Gott erlebt haben. Nicht, um uns damit zu brüsten, sondern um uns gegenseitig zu ermutigen und Gott für seine Wunder zu loben, zu ehren und von tiefstem Herzen zu danken.

Wenn Sie meine Schilderungen lesen, werden Sie vielleicht erstaunt sein, dass ich in erster Linie von ganz banalen Begebenheiten berichte. Wenn wir an Wunder denken, sind wir oft viel zu schnell bei den großen, dramatischen Geschichten: Dem vierjährigen Kind, das vom Balkon aus zwanzig Meter in die Tiefe stürzt und den Fall bis auf einen Beinbruch unbeschadet übersteht. Dem Erdbebenopfer, das nach 82 Stunden lebendig aus den Trümmern geborgen wird. Dem 50-jährigen

Mann, dessen Tumor bei der letzten Kontrolluntersuchung vor der großen OP spurlos verschwunden ist. Der Million im Briefkasten. Wir erwarten das Spektakuläre, Unglaubliche, eigentlich Unmögliche – und übersehen dabei, dass Gott oft auch im Kleinen zu finden ist. Zufälle nennen viele das, was uns passiert, häufig. Und doch empfinde ich es so und hoffe, Sie stimmen mit mir nach der Lektüre dieses Buches überein, dass es Wunder waren, die ich erlebt habe.

# Meine Eltern

Meine Eltern waren Jahrgang 1915 und 1927. Mein Vater hat auf wundersame Weise zwei Weltkriege überlebt. Er wurde in Schlesien geboren. Im Zweiten Weltkrieg gab es für ihn als Soldaten sicherlich etliche Situationen, die gefährlich waren. Und auch nach Kriegsende war die Gefahr keineswegs gebannt, denn er war unter den ca. drei Millionen Soldaten, die in sowjetische Kriegsgefangenschaft gerieten. Ein Drittel von ihnen kam dort um. Ein Wunder, dass mein Vater 1949 nach vierjähriger Kriegsgefangenschaft in Sibirien lebendig nach Deutschland zurückkehrte. Oft erzählte er davon, dass er sich bis zuletzt unsicher war, ob er überleben würde. Noch auf dem Heimtransport wurde er von einem schweren, lebensgefährlichen Fieber erfasst. Er war bereits auf dem Weg in die Freiheit und doch war fraglich, ob er sie jemals erreichen würde. Mit welch großer Dankbarkeit blickte er immer auf den Moment zurück, in dem er in Friedland/Niedersachsen aus dem Waggon stieg und ihm bewusst wurde, dass er frei war. Während der Gefangenschaft in Sibirien – so erzählte er – hatte es auf dem Weg zur Arbeit im Wald einen Weg über eine Brücke gegeben, die über einen eisigen Fluss führte. Oft hätten ihn Gedanken wie „Jetzt lasse ich mich einfach fallen" überkommen. Ich wäre nie geboren worden, wäre dieser Gedanke Wahrheit geworden. Was für eine Gnade, dass er diese bittere Zeit überlebt hat.

Auch meine Mutter war im und nach dem Krieg unendlich vielen gefährlichen Situationen ausgesetzt. Als 18-Jährige übernachtete sie an Heiligabend 1945 auf dem Bahnhof in Frankfurt/Oder. Mein Großvater war vom Gefangenenlager Fünfeichen in Neubrandenburg nach Frankfurt in das dortige Gefängnis transportiert worden, nachdem man ihn zu acht Jahren Gefangenschaft in Sibirien verurteilt hatte – nur, weil er Gutsbesitzer war. Die Familie wusste, dass er nun in Frankfurt/Oder einsaß und meine Mutter trampte an Weihnachten von Demmin dorthin, um ihn ausfindig zu machen und ihm Essen und Nachrichten von der Familie zu überbringen. Welche Ängste sie damals ausgestanden haben muss, möchte ich mir gar nicht ausmalen. Einiges hat sie von ihren Erlebnissen erzählt, aber die Generation erzählte ja nicht viel … Sie überstand Ängste vor Plünderungen, wurde von Russen bedrängt, flüchtete aus Mecklenburg. Dazu kamen körperliche Bewahrungen. Meine Mutter erkrankte während des Krieges zum Beispiel schwer an Typhus – und überlebte.

Dass sich meine Eltern dann schließlich kennenlernten und ich nach einer Fehlgeburt und fünf Jahren Ehe überhaupt geboren wurde – für mich alles im Rückblick ein Wunder, Gnade, aber auch Verpflichtung, dieses Leben zu einem Zweck zu leben. Ich bin in eines der reichsten Länder dieser Welt hineingeboren worden, und das doch nicht nur, damit ich mich mit Essen vollstopfe, vor dem Fernseher hocke und das Leben anderer Menschen begucke! Wir haben in diesem Land seit über 70 Jahren Frieden. Mehr als 25 Jahre ist die Wende her. Ohne dieses Ereignis würde ich heute nicht in der Uckermark leben, in einer Freiheit, für die ich nichts getan habe, sondern für die andere Menschen auf die Straße gegangen sind. Knapp über 100 Jahre ist es her, dass Frauen überhaupt wählen dürfen, und seit den 70ern darf sich eine Frau in unserem Land erst offiziell selbstständig machen. Das sollten wir nicht vergessen und nicht für selbstverständlich nehmen. Für mich ist das alles ein unendlicher Grund zum Dankbarsein. Allem voran bin ich aber dankbar dafür, dass ich zum Glauben gefunden habe und um meine Errettung durch meinen Erlöser Jesus Christus weiß. Diese Wahrheit möglichst vielen Menschen weiterzugeben, ist mir ein Lebensauftrag.

# Die Anklage

20. Juli 1944. Viele kennen das Datum gar nicht mehr. An diesem Tag fand das Attentat auf Hitler durch Claus Schenk Graf von Stauffenberg statt. Als herauskam, dass Hitler nur verletzt, aber nicht getötet worden war, nahm sich Generalmajor Henning von Tresckow, der ebenfalls zum Kreis des 20. Juli gehörte, das Leben. Sein Adjutant Major Kuhn sollte daraufhin verhaftet werden, da davon ausgegangen wurde, dass er über wichtige Informationen verfügte. Den schriftlichen Befehl, die Verhaftung vorzunehmen und Major Kuhn nach Berlin bringen zu lassen, bekam General Gustav Heisterman von Ziehlberg. Dieser gab ihn an einen Major weiter, der ihm unterstellt war. Meinen Vater! Er war damals 28 Jahre alt.

Die Welt der Soldaten ist eine eigene und die Welt des Krieges auch. Während der Fahrt bat Major Kuhn meinen Vater um eine Pause. Als dieser sie ihm gewährte, nutzte Joachim Kuhn sein Wissen um eine Lücke zwischen zwei deutschen Jägerregimentern, um zu den Russen überzulaufen. Ein für einen Soldaten unglaublicher Vorgang. Mein Vater hätte ihn eigentlich erschießen müssen. Doch das tat er nicht. Der Vorfall zog eine ganze Reihe von Ereignissen nach sich. In aller Ausführlichkeit nachzulesen ist die ganze Begebenheit in Peter Hoffmanns Buch „Stauffenbergs Freund. Die tragische Geschichte des Widerstandkämpfers Joachim Kuhn". In letzter Konsequenz der Vorfälle wurde General Heisterman von Ziehlberg zum Tode durch den Strang verurteilt. Mein Vater wäre mit Sicherheit auch zum Tode verurteilt worden, hätte nicht ein guter Freund die Gelegenheit gehabt, die Akte meines Vaters einfach in den Kamin zu schmeißen, bevor er angeklagt werden konnte.

Schuld, Vergebung und noch mal Schuld, letztlich das Lebensthema meines Vaters. Vielleicht war das auch mit ein Grund dafür, dass er mit 60 Jahren noch Pfarrer geworden ist. Oft denke ich über all das nach, insbesondere, seitdem ich dieses Buch über Major Kuhn gelesen habe.

# Der Kronenkranich

Als Baby, so erzählte meine Mutter, war ich einmal einer schlimmen Gefahr ausgesetzt. Meine Mutter arbeitete immer viel an den Außenanlagen, die unser Haus umgaben. Das war besonders wichtig, da viele Menschen unser Zuhause besuchten. Wir lebten nämlich in einem Tierpark. Diesen hatte mein Vater nach dem Krieg im Oldenburger Land in Niedersachsen gegründet und betrieb ihn zusammen mit einem Tierhandel. Er kaufte besondere Vögel und andere Tiere – auch aus Übersee – ein, um sie dann an Vogelparks und Vogelliebhaber weiterzuverkaufen. Unter anderem viele verschiedene Kraniche, wie zum Beispiel diese wunderhübschen Kronenkraniche aus Südafrika, deren ansonsten hellgrauer Körper mit einer weiß-schwarzen und etwas roten Gesichtsmaske geschmückt ist. Der Kopf wird von einer strohgelben Federkrone geziert. Wenn meine Mutter an der Verschönerung des Tierparks arbeitete, war ich in meinem Kinderwagen meist mit von der Partie. Einmal kam es dabei zu einer äußerst gefährlichen Situation. Einer der Kraniche war ausgebrochen und stolzierte frei auf dem Gelände herum. Unbemerkt näherte er sich meinem Kinderwagen und pickte munter in mein Babygesicht hinein. Ich muss wie am Spieß geschrien haben. Währenddessen wähnte meine Mutter mich schlafend und sicher im Kinderwagen. Sie holte gerade etwas aus dem Keller, was wohl etwas länger dauerte, und konnte mein Schreien nicht hören. Ein plötzlicher „Instinkt", so erzählte sie mir Jahre später, habe sie ihre Suche im Keller einstellen lassen, um nach mir zu schauen. Was für einen Schreck bekam sie, als sie den Kranich erblickte, dessen langer Hals in meinem Kinderwagen steckte! Schreiend stürmte sie auf ihn zu. Zum Glück konnte sie den Angreifer schnell vertreiben. Wie groß war ihre Erleichterung, als sie feststellte, dass mir nichts weiter fehlte. Es war noch einmal alles gut gegangen. Hätte, hätte, hätte … was wäre wenn … wieso ist nichts passiert … Fragen über Fragen, die man sich ständig stellen könnte, statt einfach nur zu danken!

# Die Leiter

Es war an einem heißen Sommertag im Tierpark meiner Eltern, ungefähr im Jahr 1967. Wie so oft waren viele Kinder bei uns zu Besuch. In einem Tierpark gibt es ja auch immer viel zu unternehmen und genug Platz zum Spielen. Meine Mutter war im Haus und machte eine Mittagspause. Bevor sie sich zurückgezogen hatte, waren die älteren Kinder beauftragt worden, gut auf die Kleinen aufzupassen. Das funktionierte normalerweise sehr gut. Doch diesmal war plötzlich einer von uns weg! Wie hatte das nur passieren können? Im einen Moment war der Kleine noch da gewesen, im nächsten war er spurlos verschwunden. Aufgeregt suchten wir überall nach dem zweijährigen Jungen. Hinter den Blumenbeeten, an der Haustür, auf dem Weg zu den Vogelgehegen … Weit konnte der Kleine in der kurzen Zeit doch nicht gekommen sein! Plötzlich kam einer von uns auf die Idee, mal nach oben zu schauen. Und da entdeckten wir ihn – ganz oben auf einer meterhohen Leiter, die an der Hauswand lehnte! Das

Dach musste repariert werden und keiner der Erwachsenen hatte daran gedacht, die Leiter wegzustellen. Aufgeregt liefen wir laut schreiend zu meiner Mutter.

Der kleine Junge stand währenddessen wie angewurzelt oben auf einer der letzten Sprossen; es ging eben einfach nicht weiter hoch. Wenn ich an diesen Anblick zurückdenke, wird mir heute noch ganz anders. Allein die runden Sprossen: Im Rückblick erscheinen sie einem nicht besonders trittfest, aber so baute man damals eben Holzleitern … Der kleine Junge schien überhaupt keine Angst zu haben. Er bewegte sich kein bisschen. Stumm und völlig ruhig guckte er uns von da oben erstaunt an. Es müssen Engel um ihn herumgeflogen sein.

Meiner Mutter stockte der Atem, als sie aus dem Haus stürmte und ihn in dieser Lage erblickte. Sprosse für Sprosse erklomm sie die sicherlich auch für sie wackelige hohe Leiter. Bange Sekunden dehnten sich endlos, bis sie den Kleinen endlich erreicht hatte. Erleichtert riefen wir: „Sie hat ihn!" Wie froh waren wir, als beide wieder heil unten ankamen. Der Kleine hatte wohl einfach nur mal die Leiter ausprobieren wollen und war eben immer eine Stufe höher geklettert. Die großen Kinder, die nicht richtig aufgepasst hatten, wurden ziemlich ausgeschimpft, das weiß ich noch. Trotzdem gab es dann erst einmal Knäckebrot mit Margarine darauf und Zucker darübergestreut und dazu Kakao. Köstlich! Wie ungesund! Wie herrlich! Was für ein Genuss! Das war etwas ganz Besonderes.

Was für eine Bewahrung und ein Wunder, dass nichts passiert war. Was hätte alles passieren können, nicht auszudenken!

# Der Silbersee

Sommer in der Sagerheide. Ort meiner Kindheit. Irgendwie waren die Sommer immer so heiß, meine ich mich zu erinnern. Und so sandig trocken. Viele Besucher aus der Umgebung und den umliegenden Städten kamen in den Tierpark, um Erholung und Abwechslung zu suchen. Unsere ganze Familie und die Mitarbeiter hatten gut zu tun. Es war eine schöne, aber auch harte Arbeit. Meine Mutter war insbesondere für ein hübsches Häuschen am Eingang des Tierparks zuständig, das zugleich als Kasse und Kiosk fungierte. Auf der einen Seite wurden Eintrittskarten und Süßigkeiten verkauft, auf der anderen konnte man Eis und Bratwürstchen erwerben. Vor dem Häuschen stand ein riesiger Kletterkirschbaum. Der ganze Eingangsbereich war für uns Kinder eine permanente Quelle von Versuchungen in Form von Eis und Süßigkeiten und viel Abwechslung durch die Besucher. Der für uns schönste Tag war, als die große Eistruhe ihren Geist aufgab und wir Eis satt essen durften und sogar unseren Hund damit füttern konnten …

Rund um das Kassenhäuschen war immer etwas los. Die Besucher konnten sich hier gemütlich hinsetzen und bei Kaffee und Kuchen ein Gehege mit einem Teich angucken, wo es viele exotische Enten, besondere Wasservögel und Kraniche zu beobachten gab. Heile Welt in der Heide in Niedersachsen, zumindest für uns Kinder und die Besucher, für meinen Vater ein harter Existenzaufbau.

Einige Kilometer entfernt durch den Wald befand sich an einem stillen Waldsee eine geheime Badestelle. Der Name des Sees war Silbersee. Ich weiß allerdings nicht, ob er offiziell so hieß oder ob wir ihn so getauft hatten. Im Sommer bettelten wir Kinder täglich darum, dass wir dort an den Silbersee zum Baden fuhren. Trotz der vielen Arbeit wurde unserem Drängen manchmal nachgegeben, aber die Ausflüge blieben etwas sehr Besonderes. Wenn ich an den Silbersee denke, denke ich an Sommer, Mücken, Butterbrote. Das höchste der Gefühle war eine kleine Flasche, die wie eine Ananas aussah und in der sich ein prickelndes Getränk mit kleinen Fruchtstückchen darin befand. Sonst gab es für uns Kinder meist nur Wasser zu trinken oder Kakao oder Milch. Außerdem gab es bei unseren Ausflügen oft diese herrlichen kleinen weißen Pfefferminzpastillen in durchsichtigen runden Plastikdöschen, auf denen Sügro stand, in goldener Schrift. Ein Fest am See!

Eines Tages waren wir wieder einmal dort am Silbersee. Das Ufer war so flach, dass wir Kinder allein und ohne Schwimmflügel im seichten Wasser plantschten. Es war sehr klar und schmeckte leicht brackig, wahrscheinlich durch das Eichenlaub, das man an einigen Stellen auf dem Grund sehen konnte und durch das man etwas waten musste. Ich lief vorsichtig Schrittchen für Schrittchen in den See, aus Respekt vor der immer höher kriechenden Kälte des Wassers an meinem

Bauch. Noch ein Schritt und noch einer und – plötzlich war da kein Grund mehr. Ich versank! Ich muss ungefähr vier Jahre alt gewesen sein. Trotzdem weiß ich noch wie heute, dass ich damals schon dachte: „Jetzt ist es vorbei." Ich spürte, wie ich einfach sank, immer tiefer und tiefer. Es war gar nicht schlimm. Auf einmal aber war da eine kräftige Hand, die mich am Badeanzug packte und wieder nach oben zog. Es war die Hand meines Vaters! Lächelnd sah er mich an, als ich hustend und prustend wieder an die Wasseroberfläche kam. Er hätte ja auch gerade woanders hinschauen oder wie sonst so oft in seine obligatorische Zeitung vertieft sein können. Er hätte sich unterhalten und dadurch abgelenkt sein oder einfach nichts bemerken können. Dass es in dem See an dieser Stelle auf einmal eine Stufe im Seegrund gab, war ihm anscheinend nicht bewusst gewesen. Ein Wunder, dass er die Situation so schnell erfasst hatte. Später habe ich in diesem See übrigens mein Seepferdchen gemacht. Und wenn ich heute mit meinen Neffen und Nichten an den Suckowsee in Lichtenhain fahre, weiß ich, wie wichtig es ist, gut aufzupassen … und wie schwer, in dem Menschen- und Kindergewusel auf alle drei gleichzeitig zu achten!

# Die Regentonne

Der Tierpark Sagerheide war ein wahres Kinderparadies. Wir hatten alle Freiheiten zum Spielen – in einem festgelegten Bereich, der sich, je älter wir wurden, weiter ausdehnte. Jeden Tag waren wir draußen. An Spielkameraden mangelte es uns selten. Alle kamen nur zu gerne zu uns.

Ich muss noch sehr klein gewesen sein, ca. vier oder fünf Jahre alt, schätze ich. Nicht so richtig irgendetwas spielend, war ich mal hier und mal dort, stromerte ziellos durch unseren Garten. Direkt am Haus gab es eine in die Erde versenkte Regentonne. Sie war einfach da. Heute wäre man wahrscheinlich vorsichtiger, aber damals schien sich keiner der Erwachsenen Gedanken zu machen, was für eine Gefahrenquelle diese Regentonne bot. Es gab auch kein Verbot, sich ihr zu nähern, zumindest nicht, soweit ich mich erinnern kann. In der Tonne wurde das Regenwasser vom Hausdach zum Blumengießen aufgefangen. Wir Kinder hatten diesen Ort bis zu diesem Zeitpunkt noch nicht wirklich als Spielmöglichkeit entdeckt.

Aus irgendeinem Grund – ich weiß auch nicht mehr wieso – schlenderte ich zu der Regentonne und erblickte darin das vertraute Karomuster der Spielhose einer meiner Spielkameraden. Ohne mir etwas dabei zu denken, lief ich zu einem Absperrseil weiter, über das man herrlich hin und her hopsen konnte. Während ich so über das Seil sprang, schoss mir plötzlich, wie ein Blitz, der Gedanke durch den Kopf: Das war doch nicht nur die Hose, sondern das war mein ganzer Spielkamerad! Ich rannte ins Haus und schrie nach meiner Mutter. Diese lief augenblicklich zur Tonne und zog das Kind heraus. Als erfahrene Krankenschwester machte sie sofort Wiederbelebungsversuche.

Die Minuten, bis der Krankenwagen kam, dehnten sich zu Stunden. Erst eine gefühlte Ewigkeit später trafen die Rettungssanitäter ein. Jetzt rächte es sich, dass wir weitab vom nächsten Dorf, geschweige denn der nächsten Stadt wohnten.

Glücklicherweise überlebte mein Spielkamerad. Nach ein paar Tagen im Krankenhaus war er wieder ganz der Alte. Er hatte doch nur sein Spielzeug, das in die Regentonne gefallen war, wieder herausholen wollen!

Für mich waren die Tage, die er im Krankenhaus verbrachte, eine Zeit wundervoller Sonderbehandlungen und ich durfte Gummibonbons satt essen.

Unendlich dankbar bin ich heute noch dafür, dass Gott mir diesen Gedankenblitz an dem Absperrseil, über das man so schön hüpfen konnte, geschenkt hat. Eins war mir damals als kleines Mädchen schon klar: dass Gott es war, der mir diesen Gedanken so ganz plötzlich gegeben hatte. Ich hätte ja auch einfach weiter gedankenversunken hin und her hopsen können. Die Schuldgefühle, die mich mein Leben lang begleitet hätten, obwohl ich noch so klein war, wären für mich sicherlich unerträglich gewesen. Wie dankbar bin ich für die Bewahrung meines Spielkameraden, der heute ein erfolgreicher und sehr kluger Manager ist.

# Das geliehene Rad

Eine meiner guten Schulfreundinnen zog mit ihren Eltern weit weg in den Süden Deutschlands. Mein Kummer war groß. Wie sollten wir uns künftig treffen, wenn wir in entgegengesetzten Teilen der Republik lebten? Irgendwie gelang es aber doch. Wo ein Wille ist, ist eben auch ein Weg, und meiner führte mich künftig häufiger nach Baden-Württemberg. Ich, flache Landschaften, aber Gegenwind gewohnt, war die ersten Male fix und fertig nach Spaziergängen in den Weinbergen einer Badener Kleinstadt, und gleichzeitig war ich fasziniert. Alles war irgendwie anders als bei uns in Niedersachsen und ich fühlte mich wie in einer fremden Welt. Der Dialekt, das Klima … alles fühlte sich ungewohnt, neu und aufregend an. Urlaube in den Süden organisierten meine Eltern nicht, sondern wenn überhaupt war Borkum, eine der ostfriesischen Inseln, das höchste der Gefühle.

Manchmal saß ich 12 bis 14 Stunden im Zug, um meine Schulfreundin zu besuchen. Für sie galt das umgekehrt genauso. Wir buchten nämlich beide immer die billigste Bahnfahrt, die wir finden konnten, und dann zog sich die Fahrt sehr hin.

Als ich wieder einmal eine Zeit lang bei meiner Freundin zu Besuch war, hatten wir an einem unserer Urlaubstage unterschiedliche Pläne. Ich nahm ihr Fahrrad und wollte in die Stadt zum Bummeln – für ein Landei wie mich war das immer sehr aufregend. Es gab in den Geschäften so viel zu entdecken! Der Weg in die Stadt hinunter führte über eine steile, enge, viel befahrene Straße. Das geliehene Fahrrad wurde schneller und schneller. Zu Beginn hatte ich die Situation noch gut unter Kontrolle. Doch dann versuchte ich zu bremsen. Von meinem Fahrrad zu Hause war ich es gewohnt, mit dem Rücktritt zu bremsen – aber das ging mit dem Rad meiner Freundin nicht. Als ich rückwärts trat, trat ich quasi ins Leere. Ich trat und trat, aber nichts passierte. Entsetzt fuhr ich direkt auf die stark befahrene Kreuzung zu. Plötzlich sah ich meine Freundin auf dem Bürgersteig laufen, die mir geistesgegenwärtig „Handbremse!“ zuschrie. Und zum Glück verstand ich sie. Nicht auszudenken, was passiert wäre, wenn ich bei Rot über die viel befahrene Kreuzung gebrettert wäre. Der Schreck saß tief. Es war ein Wunder, kein Zufall, dass sie gerade in diesem Moment auf mich traf, dessen war ich mir damals schon sicher. Das war sekundengenaue göttliche Taktung!

# Führerschein

Wenn die Jugendlichen hier in der Uckermark heute mit ihren tiefergelegten, aufgemotzten Autos und den vollen Musikbässen laut an unserem Haus vorbeifahren, ertappe ich mich dabei, wie ich omamäßig den Kopf schüttle, auch über mich, war ich doch selbst mal genauso unvernünftig und wild. Wie habe ich es geliebt, zu den Klängen von Pink Floyd, Joe Cocker oder Suzie Quatro volle Kanne Gas zu geben … bis zum Anschlag. Was waren wir cool! Dieses Gefühl von Coolness und Freiheit und Macht über die Geschwindigkeit war einfach grandios. Einfach nur Gas geben und schon ging's los, erst mit dem ersparten Käfer, bei dem man vor lauter Rost fast auf die Straße durchsehen konnte und der nie eine volle Tankfüllung kannte, dann lange, lange nichts, bis mein Mann mir später „Hühnchen" kaufte. Ein gelber Passat mit Fließheck, Baujahr anno dazumal vom privaten Automarkt in Wolfsburg. Ein Albtraum für meine autofixierten Brüder, aber ich liebte dieses Auto. Es war eben meins! Welche Freiheit. „Hühnchen" war nur für Einkaufsfahrten und Fahrten zur Arbeit etc. gedacht, aber es erinnerte mich an meine wilden Zeiten.

Auf den Asphaltstraßen zwischen den Feldern in Ostfriesland konnte man, auch wenn man den Führerschein noch nicht in der Tasche hatte, schon mal klopfenden Herzens eine kleine Probefahrt im Auto der Freunde wagen, die den ersehnten Schein schon hatten. Wir wurden immer kühner, hatten Spaß an der Geschwindigkeit, quetschten uns oft zu sechst in ein Auto und los ging es. Die drei einzig möglichen Kneipen mit so ähnlichen Namen wie „Fiasko", „Das Bett" oder „Palazzo" hatten es uns angetan und so ging es häufig von einer zur nächsten. Dabei wurde es von Mal zu Mal später. Dass meine Mutter voller Sorgen um mich mit klopfendem Herzen wach im Bett lag, fand ich damals außerordentlich überflüssig – wie leid tut mir das heute.

Von der Innenstadt bis zu den einzelnen Wohnorten innerhalb der Stadt zogen sich lange, gerade, gut beleuchtete Strecken hin, auf denen man gezwungen war, 50 km/h zu fahren, da es ja in der Stadt war. Wie unnötig. Es ging schließlich immer nur geradeaus und die zweispurige Straße war nachts so schön leer. Also drückten wir bei einer unserer Spritztouren auf die Tube. Bis 120 km/h – wie herrlich, wie verboten, wie spät in der Nacht – dieser Nervenkitzel – was kann schon passieren?! Wir starteten Verfolgungsjagden. Und das alles als frischgebackene Pastorentochter … mein Vater war ja mit 60 Jahren noch Pfarrer in einer Gemeinde in Wilhelmshaven geworden. Irgendwann wurde es mir jedoch zu wild und ich fand eine Möglichkeit nach Hause zu kommen. Am nächsten Morgen nach dem Aufstehen erwartete mich eine schreckliche Nachricht. Beim Wenden an einer Verkehrsinsel hatte eins der Autos – das, in dem ich auch hätte sitzen sollen – die

Kontrolle verloren und einer der Insassen war tot. Tot. Vorbei. Aus. Er war der lustigste Kumpel von uns allen. Wir waren sprachlos vor Trauer und einfach nur erstarrt vor Entsetzen. In der überfüllten Kirche musste mein Vater, der zu diesem Zeitpunkt bereits Pfarrer war, die Beerdigungspredigt halten. Mir hat er keine Predigt gehalten. Dafür bin ich ihm immer noch dankbar. Schließlich habe ich mir selbst genug Vorwürfe und Gedanken gemacht. Leben! Diese Kostbarkeit! Dieses Wunder an sich! Wie wichtig ist es, es zu behüten und zu bewachen. Sein Unheil nicht herauszufordern! Für jeden Tag zu danken! Die Zeit auszukosten! Zu leben!

# „Gott liebt dich"

„Wollen Sie ein Heft über Gott von Mutter Basilea?" Wer das ist, habe ich erst Jahre später gelernt: eine evangelische Ordensgründerin aus Darmstadt, die wunderbare Bücher geschrieben hat. Es war in der Fußgängerzone von Wilhelmshaven, wo ich eine Berührung von Gott erfahren habe, die ich nie vergessen werde. Dazu ein kleines Heftchen mit einigen Bibelversen, die mir bescheinigten, dass Gott mich liebt und er seinen Sohn für mich gegeben hat. Dann noch eine ähnliche Situation: ein Heftchen, wo Ähnliches drinstand, mit der mich ins Herz treffenden Botschaft: „Du bist geliebt. Du bist ein geliebtes Kind Gottes. Gott liebt dich. Du bist ein Kind Gottes."

Was? Ich? Es hat mich schwer beschäftigt und ich habe diese Heftchen lange behalten. Das tat gut, stärkte und brachte zum Nachdenken. Heute ist es für mich ein Wunder, dass mich diese schlichten Heftchen angerührt haben. Wie viele Menschen werden nie angesprochen und haben nie die Gelegenheit, mit anderen Menschen über Gott zu sprechen.

# In Kanada

Ja, wir hätten es nicht machen sollen. Es war wirklich dumm – aber die Verlockung groß. Nach dem Abitur hatten meine Eltern mir ein Jahr Auslandsaufenthalt in Kanada ermöglicht. Dort war es möglich, nach der Schule an der Universität erst einmal ein Jahr lang ein sogenanntes „Studium generale“ zu machen. Man bekam durch Vorträge Einblick in viele Wissensgebiete und musste Aufsätze schreiben. Solche Erfahrungen wünschte ich jedem Jugendlichen. Statt gleich eine Berufsausbildung zu machen oder zielgerichtet zu studieren und alles daranzusetzen, Karriere zu machen, sollte man erst einmal versuchen, etwas komplett anderes zu erleben.

Meine Studienfreundin Madelaine und ich hatten einige Tage frei und wollten die Gegend erkunden. Wir hatten natürlich kein eigenes Auto zur Verfügung. Die schöne Natur, die vielen Seen, die kleinen Dörfer, die endlosen Straßen, das sonnige Herbstwetter – all das ließ uns früh starten. Mit einem Bus ging es aufs Land. Wir fuhren bis zur Endstation und landeten in einem etwas langweiligen kleinen Dorf. Was nun? Das hatten wir uns anders vorgestellt. Da weit und breit keine Menschenseele zu sehen war, beschlossen wir, zu Fuß in den nächsten Ort weiterzugehen. Leider war dieser ewig weit entfernt und so machte meine Freundin den Vorschlag zu trampen, falls sich die Gelegenheit dazu ergeben sollte. Meine Mutter hatte mir dies immer strengstens verboten, aber durch die weiten Strecken schien das Mitfahren per Anhalter in Kanada viel normaler zu sein. Meiner Freundin schien es überhaupt nichts auszumachen. Und ich wollte vor ihr nicht wie ein Feigling dastehen. Also machte ich mit. Tatsächlich hielt nach einiger Zeit ein Pick-up neben uns. Zwei Männer „Typ Holzfäller" boten uns an, uns mitzunehmen. Ich wäre lieber nicht mitgefahren, sah aber keine Chance, aus der Nummer herauszukommen. Wir kletterten auf die Pritsche und ab ging es durch die kanadischen Wälder. Die endlose sandige Piste nahm kein Ende. Auf dem Pick-up wurde es bereits ganz schön kalt, als das Auto plötzlich langsamer fuhr und in einen Seitenweg einbog. Uns schwante nichts Gutes. Irgendwie gelang es uns nach einem harten Wortwechsel, dass die Männer uns gehen ließen und ohne uns weiterfuhren. Wir mussten den ganzen Weg zurück zur Hauptstraße laufen und unser Glück erneut probieren – anders wären wir aus diesem Nirgendwo nicht weggekommen. Nie wieder, nahm ich mir fest vor. Trotzdem machte ich Jahre später, dann allerdings in männlicher Begleitung, eine Trampertour ins Innere von Sardinien. Auch dort war ich im Nachhinein einfach nur behütet. Dann aber wirklich: „Nie wieder!" In einer gewissen Lebensphase scheine ich völlig ohne Gefahrenbewusstsein gewesen zu sein. Ein Wunder, dass nichts passiert ist. Meiner Mutter habe ich diese Vorfälle nie erzählt …

# Fasane

Mein Vater fuhr mit uns Kindern oft über die Dörfer im Oldenburger Land und kaufte für unseren Tierpark seltene Fasane auf, die die Menschen damals noch gerne züchteten. Es gibt wunderschöne bunte mit Namen wie Silberfasan, Goldfasan, ja sogar Diamantfasan oder Glanzfasan und, und, und. Die Welt der Vogelfreunde ist eine Welt für sich; es gibt sogar eine Fachzeitung mit dem Namen „Gefiederte Welt", die mein Vater liebevollst sammelte und in speziellen Ordnern jahrgangsweise abheftete.

Ein besonderes Ereignis waren für uns Kinder immer die Fahrten zum Flughafen nach Bremen, wo mein Vater Hunderte Jagdfasane abholte, die in Ungarn gezüchtet worden waren. Anschließend verkaufte er sie dann an Zoos, Privatpersonen oder Jäger weiter, unter anderem zur Bereicherung der eigenen Artenvielfalt im Wald. Unser Tierpark wurde daher auch Fasanerie genannt.

Als ich 16 Jahre alt war, gab mein Vater den Tierpark auf und wurde Pfarrer in einer lutherischen Kirchengemeinde. Wir zogen mit der ganzen Familie nach Wilhelmshaven um. Dort, in einem Einfamilienhaus direkt an einem alten ausgedienten Deich, wohnten meine Eltern bis zu ihrem Lebensende. Nach dem Tod meines Vaters blieb meine Mutter allein in dem Haus zurück, das längst zu ihrem Zuhause geworden war. Inzwischen hatte sie dort den Großteil ihres Lebens verbracht.

Auf dem alten Deich hinter dem Haus wuchsen viele Sträucher und es war ein gutes Dickicht für unzählige Tiere. Einen Jagdfasan habe ich dort in meiner Jugend jedoch nie gesehen. Umso größer war mein Erstaunen, als ich meine Mutter nach dem Tod meines Vaters wieder einmal besuchte und sie mir erzählte, dass sie in letzter Zeit häufiger einen Fasan auf dem Deich erblicke. Tatsächlich: Auch ich konnte ihn in ihren letzten Lebensjahren dann des Öfteren dort beobachten. Irgendwie hat ihr das viel Kraft gegeben. Ob es für sie auch ein Gruß von Gott war, so wie für mich, weiß ich nicht.

Wenn ich jetzt in der Uckermark einmal einen der seltenen, durch viele Autos, Füchse und andere Tiere gefährdeten Fasane sehe, oder gar einen seiner Schreie höre, ist das immer etwas besonders Berührendes für mich. Doch auch die vielen Kraniche, die wir hier haben, und die ebenfalls besondere Schreie in die stille Luft singen, erinnern mich an die Fasane in meinem Leben und was damit verbunden ist. Wenn die Stille der Uckermark von solchen Schreien durchzogen wird, hat das manchmal fast etwas Überirdisches.

Jahre später, nach der Beerdigung meiner Mutter, fuhren wir Geschwister gemeinsam noch einmal in den Ort unserer Kindheit. Als wir in der Sagerheide, wo wir zu fünft den Großteil unserer gemeinsamen Kindheit verbracht hatten, aus dem Auto stiegen, standen wir einen Moment schweigend zusammen. Genau in diesem Moment flog ein wildes Fasanenpärchen laut keckernd davon. Ein Gruß vom Himmel.

# In Tübingen dem Tod entkommen

Es war während meines Studiums vor über 30 Jahren in Tübingen. Tübingen ist eine wunderschöne Stadt mit viel Fachwerk und – für eine Norddeutsche besonders interessant – mit bergigen Straßen, verwinkelten Ecken und vielen historischen Gebäuden. In der Stadt kann man gut zu Fuß oder mit dem Rad von einer Stelle zur anderen gelangen, und ich lief viel. Eines Tages im Februar ging ich eine Straße entlang, auf der sonst niemand unterwegs war. Ich würde die Stelle sofort wiederfinden. Es war noch Winter und sehr kalt und eisig. Die Bürgersteige waren teilweise nicht geräumt und der getaute Schnee war überfroren. Da nicht gestreut war, war es sehr glatt. Links und rechts der Straße standen hohe Häuser. Plötzlich überkam mich das Gefühl, ich sollte etwas schneller gehen, um noch rechtzeitig zu meiner Vorlesung zu kommen. Ich beschleunigte meine Schritte. Nur Sekunden später krachten mit einem Riesenlärm ein paar Meter genau hinter mir einige große Holzbretter herunter, die mit viel Eis und Schnee bedeckt waren. Einige Eisstücke kullerten bis vor meine Füße. Das Holz des Daches hatte wohl die Last des Schnees und Eises nicht länger tragen können und so knallte alles herunter. Um ein Haar hätte es mich erwischt. Das war wirklich extrem knapp gewesen. Mit schlotternden Knien ging ich tief erschüttert weiter. Das Leben: so kostbar, so zart, so verletzlich, so wertvoll, so behütenswert. Es gibt ein Gebet, das lautet in Anlehnung an Psalm 90, Vers 12: „Herr, lehre uns bedenken, dass wir sterben müssen." Aber wer will schon im Alter von 22 über dieses Thema nachdenken? Wie dankbar bin ich Gott, dass er in dieser Situation seine schützende Hand über mir hatte.

# Die Studentenfete

Nein, eine Fete auszulassen, schien mir damals das Unnötigste überhaupt zu sein. Für mich gab es nichts Schöneres, als zu tanzen, Freunde zu treffen und neue Menschen kennenzulernen. Einmal wurde ich wieder zu zwei Studentenfesten am gleichen Wochenende eingeladen. Hin- und hergerissen, wägte ich die beiden Einladungen ab. Welche sollte ich annehmen? Es war, als würde ich die Blüten eines Gänseblümchens zupfen: der oder der? Endlich entschied ich mich und sagte schweren Herzens eine Feier ab. Leider konnte ich ja nicht auf zwei Hochzeiten gleichzeitig tanzen. Während ich mir ausmalte, was ich auf der einen Fete alles verpassen würde, machte ich mich auf den Weg zu dem anderen Fest.

Es muss auf der von mir abgesagten Fete sehr hoch hergegangen sein. Anscheinend floss auch deutlich mehr Alkohol als sonst. Am nächsten Tag erhielt ich einen Anruf von Freunden, die bei der Feier dabei gewesen waren. „Du, weißt du schon: Einer unserer Freunde ist aus der Tür gefallen und liegt auf der Intensivstation!"

Was war passiert? Die Feier hatte in einem großen Saal

im zweiten Stock eines Hauses stattgefunden. In diesem Saal gab es eine Tür, die ins Nichts führte. Der Balkon, der sich ursprünglich einmal hinter dieser Tür befunden hatte, sollte repariert und demnächst wieder angebracht werden. Unverantwortlicherweise hatte man es jedoch versäumt, die Tür abzuschließen. Der Tanzsaal war sehr voll und nicht gut beleuchtet. Unser Freund hatte im angetrunkenen Zustand einfach diese Tür geöffnet und war ins Nichts hinausgetreten. Ein Albtraum! Es hätte jedem von uns passieren können in dem Durcheinander von Menschen und Tanz und überhaupt. Auch mir – aber ich war ja auf dem anderen Fest …

Als ich den Freund im Krankenhaus besuchte, bot er wirklich einen erbärmlichen Anblick: Von Kopf bis Fuß bandagiert und eingegipst, lag er da auf der Intensivstation. Es war ein Wunder, dass er überhaupt noch lebte.

# Es war in Schöningen

Es war in einer Nachkriegssiedlung in Schöningen, einem Ort in der Nähe von Helmstedt. Dort wohnten Michael und ich zu Beginn unserer Ehe. In Schöningen gab es auf dem Weg zum Einkaufen eine Straße, die ziemlich steil bergab ging. Die Häuser waren dicht an die Straße gebaut und die Bürgersteige extrem schmal. An einer Stelle bildete das entsprechende Haus sogar fast die Begrenzung der Straße. Man fuhr quasi direkt an der Haustreppe vorbei. Ich fuhr diese Straße wie so oft in normaler Geschwindigkeit hinunter, den Fuß leicht auf der Bremse, damit ich das vorgeschriebene Tempolimit nicht überschritt. Aus einem mir nicht verständlichen Grund wurde ich auf einmal jedoch noch viel langsamer, überdachte etwas verträumt meinen geplanten Einkauf, zusätzlich müde und tranig vom Arbeitstag. Das sollte so sein, wurde mir später bewusst. Denn plötzlich schoss ohne Vorwarnung ein kleiner Junge hinter der Hauswand hervor. Er mag vielleicht sechs Jahre alt gewesen sein. Ehe ich michs versah, stand er mitten auf der Fahrbahn.

Ich konnte gerade noch haarscharf bremsen. Wie versteinert blieb der Kleine vor dem Auto stehen und wir starrten uns an. Mein Herz rutschte in die Kniekehle. Dann fing der Junge an zu lachen und lief weiter. Nicht auszudenken, wenn ich ihn auf dem Gewissen gehabt hätte. Ich hätte das nicht verkraftet, glaube ich. Wie unendlich dankbar bin ich Gott, dass er mich in dieser Situation behütet hat. Ja, es war Schutz da. Eindeutig! Ich spürte es ganz klar! Ob der Junge sich wohl auch noch an die Situation erinnert? Zu gerne würde ich ihn, der inzwischen natürlich längst erwachsen ist, einmal wiedertreffen und ihn fragen, ob er sich noch an das quietschgelbe Auto erinnert, das ihn nicht überfahren hat.

# Wie ich auf den Äpfel kam

Viele kennen die Geschichte ja schon, aber für die, die sie noch nicht kennen, möchte ich kurz erzählen, wie das Thema Äpfel auf mich zurollte: Mein Mann Michael ist Landwirt und landwirtschaftlicher Berater. Nachdem wir 1995 nach Lichtenhain zogen, lag nichts näher, als für ihn die Buchführung zu machen. Ich war natürlich begeistert! Mit der Zeit stellte ich fest, dass dies so überhaupt nicht mein Thema war. Es gibt Menschen, die dafür geboren sind, und Menschen, die NICHT dafür geboren sind, und ich gehöre zweifelsohne zur zweiten Kategorie. Deshalb stellten wir für mich nach einiger Zeit unsere wunderbare Buchhalterin ein. Doch was sollte ich jetzt tun? Hier in der Uckermark einen Arbeitsplatz zu finden, ist nicht gerade einfach. Lange war ich auf der Suche nach einer geeigneten Geschäftsidee. Nach vielen Misserfolgen fuhr ich im Jahr 2000 mit dem Auto den alten Apfelweg hinter unserem Haus hinunter. Da dieser über und über mit Äpfeln bedeckt war, ich also über einen richtigen Apfelteppich fuhr, knirschte und knackte es unter meinen Reifen. In diesem Moment kam mir die Idee, dass ich doch Apfelsaft daraus machen könnte. Mein Mann fand das auch gut und so fingen wir an, mit ganz kleinen Maschinen für die Hobbymosterei Apfelsaft herzustellen. Ich dachte, ich mache das alles erst mal für mich alleine, hatte aber nicht mit all den Menschen gerechnet, die mit guten Ratschlägen um mich herumstanden. Rasch wurden wir eine kleine Arbeitseinheit, denn ich konnte der Fülle der angelieferten Äpfel, die mir die Wochenendberliner und Menschen aus den Dörfern brachten, sobald sie von meiner neuen Tätigkeit erfuhren, alleine überhaupt nicht Herr werden. Als das Apfelsaftglück im November vorbei war, standen besonders die Frauen wieder vor der Tür, immer mit der Frage: „Hast du Arbeit?“ Ich rang darum, etwas Passendes zu finden, um das ganze Jahr über Arbeit geben zu können, und so begannen wir Äpfel zu trocknen und Gelees zu kochen. Mit diesen Produkten fuhren wir dann nach Berlin und die Menschen kauften das wirklich. Ich konnte es gar nicht fassen. Es waren doch bloß getrocknete Äpfel!

Inzwischen gibt es das Apfelgeschäft seit 15 Jahren. Mit vielen Aufs und Abs und immer mehr Aufs konnte ich es auch dank der Hilfe meines Mannes durch die Jahre navigieren. Wunder über Wunder! Manchmal kommen Menschen hierher und sagen: „Wie Sie das geschafft haben!“ und so weiter. Ich gucke sie dann oft nur leer an und frage: Was? Was denn? Was ist das schon verglichen mit so vielen anderen Dingen … Unweigerlich muss ich auch immer an 5. Mose 8, Vers 18 denken, wo es heißt: „Sondern gedenke an den Herrn, deinen Gott; denn er ist's, der dir Kräfte gibt …“ Ja, die Kraft zu all dem und die Ideen kamen und kommen wirklich von Gott, aber auch die Menschen, die einfach so vor der Tür standen und uns geholfen haben. Ich denke da zum Beispiel an Familie Ufers aus Kassel, die uns jahrelang im Sommer und in der Erntezeit beigestanden und geholfen hat zu bauen und zu kochen. Das war doch Gott! Für uns war das ein Wunder! Genauso wie die Tatsache, dass mir immer wieder etwas einfällt, was man noch machen könnte, um das Geschäft zu erweitern.

# Heinze und das Wasserwunder

Das 100 Jahre alte Gutshaus in der Uckermark, in dem mein Mann und ich seit 1995 leben, ist etwa 600 Quadratmeter groß. Dicke Lehmwände sorgen im Sommer für eine angenehme Kühle und speichern im Winter die Wärme aus unserer Holz-Zentralheizung.

600 Quadratmeter Wohnfläche sind ganz schön viel für zwei Personen und so haben wir im Laufe der letzten Jahre drei Ferienwohnungen eingerichtet, die vor allem im Sommer bevölkert werden. Im sogenannten Gartenflügel sind die Geschäftsräume meiner Apfel-Firma untergebracht, wodurch es dort zumindest an den Arbeitstagen sehr geschäftig zugeht. Freitagnachmittags, wenn alle Feierabend gemacht haben, durchzieht das Haus eine wundervolle Ruhe. Die enorme Größe unseres Zuhauses sowie die Tatsache, dass wir es alleine bewohnen, wären uns jedoch fast zum Verhängnis geworden.

Es war kurz vor Weihnachten. Gerade hatten wir Heinze bei uns aufgenommen, einen Obdachlosen, den wir bei klirrender Kälte in Prenzlau von der Straße aufgesammelt hatten. Eines Nachts rief er unter unserem Fenster hoch: „Da löft det Wasser!“ Eine Leitung im Gartenflügel hatte den Frost nicht ausgehalten und war geplatzt. Heinze, der in diesem Teil des Hauses sein Zimmer hatte, war von dem heftigen Geplätscher wach geworden. Schlotternd schippten und wischten wir in unseren Bademänteln bei Eiseskälte das Wasser aus der Backküche im ersten Stock. Aufgedunsene Apfelringe schwammen auf dem Wasser. Wir versuchten, dieser Tätigkeit einen romantischen Aspekt abzugewinnen und die Angelegenheit mit Humor zu nehmen: Die Küche hätte ohnehin renoviert werden müssen. Nun hingen die Tapeten, die noch aus DDR-Zeiten stammten, wenigstens schon zum Abziehen bereit an der Wand herunter. Doch nicht auszudenken, was passiert wäre, wenn das Wasser die ganze Nacht unbemerkt über die Lehmwände gelaufen wäre! Heinze entpuppte sich als unverhoffter Schutzengel und lebte danach noch fast zwei Jahre bei uns.

Ich wünschte, das wäre das einzige „Wasserwunder“ gewesen, das wir erlebten. Doch in den folgenden Jahren gab es noch drei ähnliche Situationen und jedes Mal hat Gott uns vor größerem Schaden bewahrt. Einmal ging ich gerade rechtzeitig in den Keller, um ein gerissenes Rohr zu bemerken. Ein andermal wollte ich vor dem Gottesdienst noch etwas für ein Gemeindemitglied aus der Betriebsküche holen, die ich sonst am Sonntag nie betrete. Als ich in den Betrieb ging, hörte ich sogleich ein verdächtiges Plätschern und Dampfwolken kamen mir entgegen. Ein Warmwasseranschluss war geplatzt und alles spritzte und zischte und dampfte durch den Fußboden. Nicht auszudenken, wie die Räumlichkeiten ausgesehen hätten, wenn das Wasser noch bis Montag früh fröhlich vor sich hin geplätschert wäre! 840 wundervolle, mit größter Sorgfalt hergestellte Apfel-Marzipan-Plätzchen lagen bereits mit Dampf zugenebelt im Plätzchenregal. Was für eine Freude für die Gemeindemitglieder! Beim dritten Mal wurde ein Praktikant nachts von plätscherndem Wasser geweckt, das von einem defekten Heizkörper herrührte. Das Gästezimmer, in dem er schlief, wurde sonst kaum benutzt.

Nach all diesen Erlebnissen habe ich Psalm 91,1-4 auswendig gelernt und singe ihn oft im Auto:

*„Wer unter dem Schirm des Höchsten sitzt*
*und unter dem Schatten des Allmächtigen bleibt,*
*der spricht zu dem Herrn:*
*meine Zuversicht und meine Burg,*
*mein Gott, auf den ich hoffe.*
*Denn er errettet dich vom Strick des Jägers*
*und von der verderblichen Pest.*
*Er wird dich mit seinen Fittichen decken*
*und Zuflucht wirst du haben unter seinen Flügeln.“*

# Dies wird einer der besten Tage meines Lebens

Seitdem ich beruflich „auf den Apfel gekommen" bin, verbringe ich viel Zeit auf Märkten, um unsere Haus-Lichtenhain-Produkte zu verkaufen und bekannter zu machen. Auf einem dieser vielen Märkte sprach mich ein Kollege an, der Tischler ist und auch dort ausstellte. Er bat mich, an seinem Geschäftsjubiläum teilzunehmen. Es sehe alles so schön aus, was ich mache, und es würde doch so gut passen. Ein Apfelbaum bestehe schließlich auch aus Holz … Ich sagte zu und fuhr am entsprechenden Samstagmorgen um sechs Uhr früh in Lichtenhain los. Den Transporter hatte ich bis oben hin vollgepackt.

Als ich um neun Uhr am Veranstaltungsort ankam, sondierte ich erst einmal die Lage. Mit geübtem Blick sah ich sofort: Das wird hier nichts, den Tag kann ich knicken, aber da muss ich jetzt durch. Ich ging also missmutig zum Auto zurück, um die Ware zu holen. Doch plötzlich tauchte vor meinem inneren Auge und Herzen ein großes STOP auf. Gefühlte 50 Predigten meines Pastors zum Thema „Schwierige Umstände“ kamen mir in den Sinn und ich sagte mir selbst: „Dies wird einer der besten Tage deines Lebens, hier machst du das Beste draus, das wird alles einfach nur gut heute und du entscheidest dich jetzt, dein Bestes zu geben.“ Aber wie sollte das gehen? Ich startete durch und dachte mir: Jetzt erst recht. Heute baue ich besonders schön auf, ich bin besonders freundlich zu allen und ich bin in allem, was heute passiert, total dankbar.

Der Umsatz war an diesem Tag tatsächlich mäßig, aber ich hatte einige unglaublich gute Geschäftskontakte, aus denen sich einige Monate später ganz besonders schöne Aufträge für das Weihnachtsgeschäft ergaben. Das wäre nie passiert, hätte ich entmutigt, schlecht gelaunt und niedergeschlagen in der Ecke gesessen und mein Unglück bejammert. Veranstalte bloß keine „Pityparty“, sagt einer meiner Freunde immer, also keine Mitleidsparty. Selbstmitleid ist etwas sehr Zerstörendes. Ist man mittendrin, bemerkt man es oft gar nicht, aber man sollte sich davor hüten. Es ist ein Sumpf, aus dem man nur schlecht wieder rauskommt.

Durch die vielen guten Gespräche mit anderen Unternehmern bei dieser Veranstaltung habe ich im Nachhinein viel gelernt und mehr davon profitiert als von einem ganz normalen Verkaufstag. Was für ein wertvoller Tag!

# Reise in die Hauptstadt

Vor einer Weile bin ich von einer Bezirksgruppe der Volkssolidarität eingeladen worden, in einem riesigen Berliner Rathaus einen Vortrag zu halten. Meine Geschichten in diesem großen Saal, der dem Hörsaal in einer Universität glich? Was dort wohl sonst so alles besprochen wurde? Schließlich war das der Teil Berlins, von dem aus der Rest der Republik regiert wurde – also immer frisch, fromm, fröhlich, frei, dachte ich mir, und fuhr los.

In dem Rathaus roch es noch 20 Jahre nach der Wende nach diesem typischen Desinfektionsmittel aus DDR-Zeiten. Die Wände waren mit hell lackiertem Holz verschalt und von der Decke hingen die bekannten DDR-Glas-Lampenkugeln.

Wie immer checkte ich erst einmal die Lage. Unpraktischerweise musste ich meinen Transporter auf einem etwas weiter entfernten Parkplatz abstellen. Das machte das Ausladen schon unter normalen Umständen mühsam, aber diesmal kam erschwerend hinzu, dass es in Strippen regnete.

Ich räumte meine Kisten mit den apfeligen Delikatessen auf zwei kleine Rollbretter. Der Regen wollte und wollte nicht aufhören. Dementsprechend schnell musste alles gehen, damit die Produkte nicht durchweichten. Angestrengt schob ich die Rollbretter über das holprige Betonpflaster, das meine Bemühungen zusätzlich erschwerte. Der Regen, das holprige Pflaster und dann noch die Bordsteinkante ... es kam, wie es kommen musste. Als ich die Rollbretter mit viel Mühe durch eine Pfütze auf den Bordstein zu manövrieren versuchte, kippte der hohe Kistenturm um und all meine Produkte lagen auf der Straße. Kaputte Geleegläser, Saftflaschen, dazwischen Apfelstückchen in Schokolade und vieles mehr ergossen sich über das Betonpflaster. Weit und breit war kein Mensch in Sicht. Alles klebte. Der Regen wurde noch stärker.

Ich war ziemlich verzweifelt. Nicht nur, dass etliche meiner Produkte hin waren, zudem wurden auch noch meine vortragsmäßig gestylten Haare immer nasser. Sollte ich so etwa vor den ca. 80 Zuhörern sprechen? Hektisch schmiss ich eine Tüte nach der anderen zurück in die Kisten. Immer noch herrschte weit und breit gähnende Leere. Der Vortrag sollte bald beginnen, ich musste noch alles aufbauen, aber irgendwie schienen alle anderswo beschäftigt zu sein – statt meiner Not zu begegnen. Die Zuhörer schienen einen anderen Eingang gewählt zu haben.

Plötzlich tauchte wie aus dem Nichts eine nette, gepflegte Dame neben mir auf. Mit unendlicher Freundlichkeit und Geduld half sie mir, die heil gebliebenen Gläser, die Zellophantüten, die mit Schleifchen versehenen bunten Geschenkkartons sowie die Prospekte zurück in die Plastikkästen zu befördern. Dabei wurde sie selbst völlig nass. Wo kam sie so plötzlich her? Sie war so freundlich und geduldig, so schön. War sie ein Engel?

Als wir fast alles ins Trockene gebracht hatten und ich den letzten Schwung hereinholen wollte, war die nette Dame weg. Spurlos verschwunden. Dabei hatte ich mich doch noch bei ihr bedanken wollen. Ich machte mich auf die Suche nach ihr, ging um die Gebäudeecke herum, fragte in den angrenzenden Büros nach, aber niemand konnte etwas mit meiner dürftigen Beschreibung anfangen. Niemand hatte sie gesehen.

Es ging dann doch noch alles gut. Trotz allem wurde es ein sehr schöner Vortrag. Doch sicherlich hätte ich ihn längst vergessen, wäre da nicht die Geschichte mit der hilfsbereiten Dame, die mir zu einem rettenden Engel wurde.

# Der Tisch im Aufzug

Ebenfalls in Berlin ereignete sich die folgende Begebenheit, in der es um einen riesigen Verkaufstisch, eine vornehme Stadtwohnung und einen viel zu kleinen Aufzug geht.

Es war bei einer der vielen Verkaufsveranstaltungen, an denen ich teilgenommen habe. Besonders „In“ sind solche, die beispielsweise vor Ostern oder Weihnachten in Privathäusern stattfinden. Die Gastgeberin lädt dazu einen ausgewählten Freundes- und Bekanntenkreis persönlich ein. Anfangs habe ich mich oft um so eine Möglichkeit beworben, später hat sich eine Eigendynamik entwickelt und ich bin viel darum gebeten worden, an solchen Veranstaltungen teilzunehmen. Irgendwann musste ich feststellen: All die Gelegenheiten, die sich einem so bieten, und all die Möglichkeiten, Ware in der Hauptstadt anzubieten, kann ein Mensch allein gar nicht wahrnehmen.

Bei solchen Veranstaltungen waren immer wieder PLATZ und TISCHE das Problem. Inzwischen habe ich ein frauenfreundliches, leicht tragbares Klapptischsystem, aber vor vielen Jahren war ich diesbezüglich noch ziemlich unerfahren. Meinen damaligen Verkaufstisch fand ich großartig! Er war riesengroß, hatte eine Tischplatte, die einen Meter breit und zwei Meter lang, aber abnehmbar war, und ein stabiles, wenn auch etwas sperriges Beingestell. Klasse, dieses Möbelstück! Es passte problemlos in meinen Transporter und eignete sich perfekt für die Märkte in der Umgebung. In der Uckermark ist das ja alles kein Problem, da haben wir schließlich Platz ohne Ende. Aber in der Stadt?

Bis dahin waren der Tisch und ich ein gutes Team gewesen. Er sei ein Relikt aus „Friedenszeiten", war mir erzählt worden, und stamme ca. aus dem Jahre 1930. Als eines von wenigen Möbelstücken hatte dieser wundervolle, wenn auch zugegebenermaßen etwas schwere Tisch die Wirren des Zweiten Weltkrieges und die anschließenden rund 40 Jahre Sozialismus in Lichtenhain gut überstanden. Man sah ihm zwar an, dass er bereits vielen Menschen vor mir gute Dienste erwiesen hatte, aber das macht ja gerade den Charme eines solchen Tisches aus und für mich zählte vor allem eins: dass ich meine Ware gut darauf präsentieren konnte. Praktisch war auch, dass noch eine Schublade eingebaut war, in die man früher Wannen zum Geschirrspülen gestellt hatte. Bisher hatte ich also nichts an dem guten Stück auszusetzen gehabt. Bis zu jenem Tag in Berlin eben. Von uckermärker Verhältnissen ausgehend, wo es immer Kollegen gibt, die beim Aus- und Einladen helfen können, gerade auch bei schweren Dingen, hatte ich die Situation total unterschätzt.

Nachdem ich nach mühsamer Parkplatzsuche endlich am Veranstaltungsort angelangt war, stellte ich zu meinem Erschrecken fest, dass es sich um eine riesige vornehme Stadtwohnung handelte, die zwar angenehm groß war, sich aber im 4. Stockwerk befand! Damit hatte ich so gar nicht gerechnet. Die anderen Aussteller und besonders die Gastgeberin hatten alle Hände voll zu tun. Es war weit und breit keine Hilfe in Sicht. Also begann ich allein mit dem Ausladen meiner Ware. Ich wuchtete die Kästen und Kisten auf einen inzwischen neu angeschafften, deutlich komfortableren Rollwagen, der sogar Bordsteinkanten überwinden konnte. So weit, so gut. Meine Kräfte schwanden zwar angesichts des ganzen Geschleppes der Ware zusehends, aber irgendwie ging es. Immerhin gab es in dem Gebäude einen Aufzug. Allerdings rann mir die Zeit durch die Finger. Und die eigentliche Herausforderung stand mir erst noch bevor. Irgendwie musste ich diesen großen, schweren Tisch nach oben befördern. Ich war schließlich auf ihn angewiesen.

Also würgte ich das Monster mühevoll aus dem Transporter. Hier mitten in Berlin erschien er mir plötzlich überhaupt nicht mehr praktisch, sondern schlichtweg überdimensioniert. Für mich allein waren die Tischplatte deutlich zu schwer und das große Beingestell viel zu unhandlich. Trotzdem blieb mir keine andere Wahl: Beides musste jetzt irgendwie in diesen blöden Aufzug. Völlig fix und fertig schleppte ich die schwere Platte ins Foyer. Meine Bandscheiben quetschten sich schon schmerzhaft zusammen. Dann zerrte ich das Beingestell in den edlen Vorraum – und das alles im schicken Kostümchen, die Handtasche unter dem Arm. Insgeheim betete ich: „Herr, schick mir Hilfe, ich schaffe das nicht allein! Und ich muss ja auch noch all die Gläser und Tüten aufbauen!" Als endlich beide Bestandteile des Tisches vor dem Aufzug standen, war ich mit meinen Kräften wirklich am Ende und völlig verschwitzt. Fassungslos starrte ich auf den sehr hübschen, aber jetzt, wo mein Monstrum von Tisch davorstand, für meine Zwecke unübersehbar zu kleinen Berliner Altstadtaufzug. Und noch immer war niemand da, der mir hätte helfen können. Was sollte ich jetzt nur tun? Ich war kurz davor zu verzweifeln, als plötzlich wie aus dem Nichts zwei freundliche Handwerker auftauchten, die mir ihre Hilfe anboten. „Sie hat der Himmel geschickt!", meinte ich nur und war mir 200%ig sicher, dass es Gott war, der mir diese beiden Handwerker zur rechten Zeit geschickt hatte. Die beiden Männer grinsten mich nur an und meinten: „Det hörn wa öfter!"

# Der Parkplatz

Inzwischen habe ich es mir angewöhnt, um einen Parkplatz möglichst vor der Eingangstür zu beten, wenn ich zu einer Veranstaltung fahre. Am interessantesten wird das dann, wenn ich spät dran bin und die Zeit drängt. Eines Tages musste ich zu einem wichtigen Empfang eines einflussreichen Verbandes in Potsdam. Dort durfte ich einen Stand mit meinen Produkten aufbauen und so war der Transporter, der eigentlich zu groß für die Stadt ist, mal wieder ziemlich voll. Es waren etliche Minister, Würdenträger und sogenannte Entscheider geladen. Die Parkplätze waren quasi abgezählt und sehr begehrt. Ich fuhr dennoch bis vor die Eingangstür, weil ich hoffte, dort zum Entladen kurz halten zu können, musste jedoch feststellen, dass es hoffnungslos war. Alles war komplett voll. Entmutigt fuhr ich weiter. Wie sollte ich jetzt die vielen Kisten und Tüten in den Veranstaltungssaal bringen? Auch im Parkhaus waren bereits alle Parkplätze besetzt.

Wie den Israeliten an der Stadtmauer von Jericho blieb mir

nichts anderes übrig, als den Häuserblock mehrfach zu umrunden. Endlich kam ich auf die glorreiche Idee, doch mal zu beten. Hinter mir bildete sich bereits eine lange Autoschlange. Da: Plötzlich blinkte vor mir ein großer Transporter und wollte ausparken. Die Parklücke war riesig. Problemlos konnte ich fast direkt vor der Eingangstür des großen, wichtigen Verbandes parken und bekam sogar noch Hilfe beim Aufbau. Großartig! Passgenau, ortsgenau, das war Gott! Wie war ich dankbar.

# Mit unserem Außendienstmitarbeiter auf der Messe

Einige Zeit hat mich Karl-Heinz Rath aus Warnemünde als unser Außendienstmitarbeiter begleitet. Die Erfahrung hatte schlichtweg gezeigt, dass viele Veranstaltungen für mich allein zu schwer zu bewerkstelligen sind. Karl-Heinz unterstützte mich tatkräftig in allen Belangen des Verkaufs und Vertriebs. Gemeinsam waren wir eines Tages in Hamburg. Er reiste aus Warnemünde an, ich aus Lichtenhain. Während der vier Messetage lief alles wie am Schnürchen. Der Aufbau ging problemlos über die Bühne, wir hatten sehr gute Kundengespräche und Ware war auch genug da. Was will man mehr?

Bei solchen großen Messen ist der Abbau immer eine sehr nervenzehrende Angelegenheit. Alle wollen nach der langen Zeit und dem ermüdenden Stehen so schnell wie möglich nach Hause. Die Autos für den Abbau stehen schon Stunden vorher vor dem Tor in der Schlange, warten darauf, dass sie einfahren dürfen. Angeheuerte Studenten und Hilfskräfte nehmen die schönen, liebevoll dekorierten Stände in Windeseile auseinander – innerhalb weniger Stunden ist die ganze Mühe dahin. Da alle Türen aufgemacht werden, ist es in den großen Hallen plötzlich extrem kalt und zugig, Zigarettenrauch wabert durch die Gänge, begleitet von lauter Musik, überall ist Dreck, es herrscht Hektik, Lärm und ein einziges großes Durcheinander. Mittendrin wir. Schlagartig machte sich bei mir die Müdigkeit der letzten Tage bemerkbar. Ich war am Verkaufsstand geblieben und packte alles zusammen, während Karl-Heinz sein Auto holte. Plötzlich klingelte mein Handy. Es war Karl-Heinz, der aufgeregt rief: „Daisy, ich bin mitten in der Warteschlange und das Auto fährt nicht mehr – die hupen schon alle!"

Meine spontane Reaktion: „Ruf Michael an, der weiß immer einen Rat."

Gesagt, getan. Glücklicherweise erreichte Karl-Heinz Michael auf Anhieb. Dieser sagte typisch für ihn: „Bleib ganz ruhig, ist noch Sprit drin?" Was für ein grandioser Rat! Das ist so, wie wenn der Computerspezialist fragt, ob der Stecker für den Computer in der Steckdose ist. „Na klar!", erwiderte Karl-Heinz. „Ich bete mal, bleib ganz ruhig", forderte Michael ihn auf. „Jetzt zünde noch mal." Und tatsächlich: Das Auto sprang an. Ein Wunder! Völlig aus dem Häuschen vor Freude kam Karl-Heinz kurze Zeit später an unserem Verkaufsstand an und es konnte weitergehen, mit laufendem Motor, versteht sich. Und Gott meinte es wirklich unendlich gut mit uns! Ausgerechnet in diesem Moment fuhr langsam ein ADAC-Auto an uns vorbei. Wir hielten es an und fragten um Rat. Was waren wir glücklich, als der Gelbe Engel uns versicherte, dass Karl-Heinz die Heimfahrt problemlos antreten konnte.

# Der vergessene Korb

Es war in Augsburg. Was für eine schöne Stadt! Was für eine heile Welt! Mit unserem Außendienstmitarbeiter war ich für eine Woche on Tour. Wir waren in einem schönen Hotel nicht allzu weit weg von der Messe abgestiegen. Alles klappte bestens. Die ersten zwei Messetage hatten wir bereits erfolgreich hinter uns gebracht und wir waren gespannt, was die nächsten Tage bringen würden. Abends parkten wir den Transporter in einem unverschämt teuren Parkhaus, das sich jedoch praktischerweise direkt neben dem Hotel befand. Am nächsten Morgen starteten wir wieder gut organisiert in den Tag.

Unser Außendienstmitarbeiter zumindest. Ich bin mir ja nie so 100%ig sicher, ob ich auch wirklich alles dabeihabe, was ich brauche. Was braucht man bzw. frau auch nicht alles! Was mich betrifft, so überstehe ich einen lieben langen Tag am Verkaufsstand nicht nur mit meiner Handtasche. Deshalb habe ich immer noch meinen Korb dabei – mit einem zweiten Paar Schuhe, Wasser, Notkeksen … eben allem, was nicht mehr in meine Handtasche hineinpasst. Es gibt mich eigentlich nicht ohne Korb. In so einen Korb kann man ja auch wirklich alles, was man braucht, einfach so schön reinpfeffern, wie zum Beispiel die Umsatzkasse. Über all meine Utensilien lege ich immer ein hübsches Tuch.

Bevor wir zu unserem Transporter gingen, mussten wir erst einmal zum Kassenautomaten. Davor befand sich praktischerweise ein kleiner Betonsockel, der wie für meinen Korb gemacht war. Ich bezahlte das Ticket und dann fuhren wir mit dem Transporter durch den dichten Berufsverkehr auf die Messe. Dort angekommen, machte ich zuerst das Licht an unserem Stand an. Dann nahm ich die Tücher von der Ware und richtete alles her. Erst in dem Moment, in dem ich die Umsatzkasse aus dem Korb nehmen und an ihren Platz stellen wollte, fiel mir auf, dass er fehlte! Der Korb! Oh du meine Güte! Was für ein Schreck! Karl-Heinz und ich guckten uns an und versuchten zu rekonstruieren, wo wir ihn zuletzt gesehen hatten. Meine Hoffnung sank auf den Nullpunkt, als mir klar wurde, dass ich ihn am Parkhaus hatte stehen lassen. Inzwischen war bestimmt eine Stunde vergangen. Trotzdem machte ich mich sofort auf den Weg und raste zum Parkhaus zurück. Innerlich mache ich mir ungeheure Vorwürfe. Wie hatte ich den Korb nur stehen lassen können? Darin befanden sich ja nicht nur meine Ersatzschuhe, mein Wasser und meine Kekse – deren Verlust hätte ich vielleicht noch verschmerzen können – darin befand sich auch die Kasse. Und diese war schon gut gefüllt mit den Umsätzen der letzten zwei Tage. Sollte alles umsonst gewesen sein? All die Mühe und Arbeit?

Als ich am Parkhaus ankam, traute ich meinen Augen kaum. Es war wirklich unfassbar. Da stand er: mein kleiner süßer lieber Korb. Bestimmt eine Stunde lang hatte er einsam und verlassen an der befahrenen Straße gestanden. Vor dem Parkhaus herrschte normaler Fußgängerverkehr und bestimmt hatten in der Zwischenzeit auch einige Menschen an dem Automaten ihr Ticket bezahlt. Trotzdem stand mein Korb unberührt da. Was für ein Wunder! Als hätte Gott ihn in einen Wattebausch gehüllt, der ihn unsichtbar machte. Mit dem Umsatz aus meiner Messekasse hätte man sich selbst in Augsburg einen richtig schönen Tag machen können. Was ist Augsburg doch für eine schöne Stadt!

# Die Dorftreter

Ich war auf dem Weg zu einer hochkarätigen Veranstaltung erfolgreicher Unternehmerinnen, die in Berlin stattfand. Trotz Navigationsgerät dauerte es eine Weile, dank einiger Umleitungen und plötzlich auftauchender Einbahnstraßen an Stellen, an denen gar keine sein sollten, bis ich das anvisierte Parkhaus erreichte. Und dann waren alle Parkplätze besetzt. Na wunderbar! Jetzt musste ich innerhalb kürzester Zeit ein anderes Parkhaus in der Nähe ausfindig machen. Die Zeit tickte. Ich musste pünktlich sein, unbedingt, schließlich wollte ich wichtige Kunden treffen. Was würde es für einen Eindruck machen, wenn ich zu spät kam? Als ich endlich einen Parkplatz fand, musste alles schnell gehen. Ich rannte aus dem Parkhaus, in einem schicken Kostüm, stadtfein aufgebrezelt. Mir war mehr als unwohl. Irgendetwas stimmte nicht. Im Rennen schaute ich noch einmal an mir hinunter. Zu meinem besten Kostüm, den superfeinen Strümpfen und meiner neuen passenden Handtasche hatte ich meine völlig ausgetretenen und abgetragenen, fleckigen, hellblauen Dorf-Wildledermokkassins an, die ich zwar heiß und innig liebe, die ich aber auch zum Hühnerfüttern trage. Und ich wunderte mich schon über die Blicke der Menschen, die mir auf dem Bürgersteig entgegenkamen.

Was sollte ich jetzt tun? Zurück zum Auto gehen? Hatte ich oder hatte ich nicht …? Nein, ich hatte sie nicht mitgenommen, meine schicken Pumps, erinnerte ich mich jetzt, wo ich so verzweifelt an mir hinunterschaute. Die lagen immer noch griffbereit auf dem Stuhl im Flur. Aus irgendeinem Grund ging ich trotzdem zurück zum Auto. Wider besseres Wissen. Und da lagen sie. Auf der Rückbank. Einfach so. Mein umsichtiger Ehemann hatte sie mir wohl vor der Abfahr noch schnell ins Auto gelegt. Was für ein Engel! So oft wüsste ich wirklich nicht, was ich ohne ihn tun würde. Ohne die schicken Schuhe hätte ich unmöglich an der Veranstaltung teilnehmen können. Wie gut, dass Michael mitgedacht hatte. Und wie großartig, dass ich einen Menschen an meiner Seite habe, der nur das Beste für mich will. Dafür kann ich Gott gar nicht genug danken.

# Maschinenwunder

Meine Apfelsaftmaschine kommt so langsam in die Jahre, aber sie tut ihre Dienste und produziert guten Apfelsaft aus Uckermärker Äpfeln. Manchmal mag sie nicht mehr so richtig hart arbeiten und muss gut gepflegt werden. Alle anderen Maschinen bei uns haben Namen, nur die Mosterei ist eben die Mosterei. Vielleicht nimmt sie mir das manchmal übel. Oft bete ich in der Mostzeit, wenn mal wieder etwas kaputt ist, dafür, dass Gott uns den Fehler zeigt, uns Weisheit schenkt oder uns Hilfe schickt.

Einmal waren wir wieder mit der mobilen Mosterei unterwegs. Es herrschte bestes Wetter. Ich verteilte angemalte Holzäpfel mit Nummern darauf an die geduldig wartenden Kunden, die den schönen Tag genossen. Ein Auto nach dem anderen reihte sich brav in die Warteschlange ein. Die Menschen stiegen aus, standen um die Mosterei herum und schauten zu. Plötzlich: PENG! Mit einem lauten Knall brannte die Sicherung oder sonst irgendetwas durch.

Anfangs habe ich in solchen Momenten immer die totale Panik bekommen, dass die Kunden sauer werden. Inzwischen bleibe ich ganz ruhig und vertraue erst einmal. Ich fing an zu beten. Wir waren ja nicht zu Hause, wo wir problemlos alles reparieren können, sondern waren auf Hilfe angewiesen.

Was passierte? Der nächste Kunde sagte: „Warten Sie mal, der Elektriker müsste zu Hause sein. Ik hab die Nummer im Handy." Kurze Zeit später war der Fehler behoben und es konnte weitergemostet werden. Zufall? Für mich ein Wunder, wie alles so zeitgenau passte.

# Eine Maschine namens Gertrud

Ich liebe Maschinen: Gibt man oben den Teig hinein, kommt unten das Plätzchen heraus. Denkt man so. Was wäre das schön! Wenn doch bloß alles im Leben so einfach wäre!

Nachdem eines meiner Bücher erschienen war, hatte ich intensiven E-Mail-Kontakt mit einer Nonne in Bayern. Wir mailten diverse Male hin und her und es entwickelte sich eine schöne Brieffreundschaft daraus. Da sie mich fragte, wofür sie und ihre Mitschwestern für mich beten könnten, und ich mit meinem Bet-Latein am Ende und vielleicht auch etwas müde und faul war, listete ich ihr einmal in einer E-Mail alle Maschinen auf, die ich schon seit längerer Zeit für meinen Betrieb suchte. Ich bat sie, doch mal dafür zu beten, dass meine Augen im Computer nun endlich die passenden Maschinen fänden. Auch dafür kann man ja beten.

Wie erstaunt war ich über ihre Antwort. Sie schrieb mir, dass eine der Maschinen, die auf meiner Liste standen, seit Jahren ungenutzt bei ihnen herumstehe. „Die brauchen wir nicht mehr, wir können sie Ihnen schenken.“ Ich konnte es kaum fassen. Was für ein Wunder! Damit hatte ich nun so gar nicht gerechnet. Wie erstaunlich, wie wunderbar! Wie hätte ich wissen oder auch nur erahnen können, dass die Schwestern dort eine ausgediente Bäckerei hatten.

Kurze Zeit später fand die Maschine tatsächlich ihren Weg zu uns. Wir haben sie Gertrud genannt, weil das Kloster, aus dem sie kommt, St. Gertrud heißt, und sie erleichtert uns das Leben sehr. Wir nutzen sie täglich.

# Jede Bestellung ein Wunder

„Jauchzet, frohlocket, auf, preiset die Tage, rühmet, was heute der Höchste getan! Lasset das Zagen, verbannet die Klage, stimmet voll Jauchzen und Fröhlichkeit an!“, heißt es in Johann Sebastian Bachs Weihnachtsoratorium. Eigentlich müsste man das das ganze Jahr über singen. Wie leicht gerät man in die Gefahr, sich in Sorgen zu verlieren, anstatt Gott zu vertrauen und ihn zu loben. Gerade im Bereich der Bestellungen musste ich das erst mühsam lernen. Die Bestellungen sind in unserem Betrieb von zentraler Bedeutung – wenn wir keine Aufträge vorliegen haben, haben wir keine Arbeit und die Mitarbeiter müssen natürlich trotzdem bezahlt werden. Das ganze Thema Bestellungen ist für mich immer wieder ein Wunder. Zu Beginn meiner unternehmerischen Aktivität habe ich oft stundenlang vor dem Faxgerät gesessen und quasi versucht, die Bestellungen herauszusaugen. Heutzutage läuft ja fast alles über E-Mail.

Im Laufe der Jahre habe ich gelernt, Gott auch in diesem Bereich mehr zuzutrauen und zu vertrauen.

Immer wieder bin ich erstaunt, wer alles bei uns bestellt. Oft erinnern sich Privat- oder Firmenkunden nach Jahren wieder an uns und plötzlich flattert ein großer Auftrag ins Haus.

In Zeiten, in denen das Geschäft etwas träge läuft, bete ich natürlich besonders intensiv dafür, dass wir Aufträge bekommen. Und ich habe schon manches Mal erlebt, dass dann plötzlich wie aus dem Nichts Bestellungen kamen, von denen man nur sagen konnte: Nein, das war jetzt nicht eine meiner Vertriebsaktivitäten, das war keine Reaktion auf einen meiner Werbebriefe oder Akquiseversuche, sondern das war wirklich von Gott. Besonders auf den langen Fahrten habe ich immer viel Zeit zum Nachdenken und zum Beten. Einmal war ich den ganzen Tag unterwegs und habe mal so alles durchgebetet. Am nächsten Tag kam ein Anruf vom Einkäufer einer großen Marketingagentur, von dem ich seit Jahren nichts gehört hatte. Er hatte sich „auf einmal aus heiterem Himmel" an uns erinnert und bat um Muster für einen Auftrag. Am selben Tag stand auch noch ein Geschäftsinhaber vor der Tür – einfach so. Er habe „zufällig" an uns gedacht und würde die Produkte gerne mit in seinen Laden aufnehmen. So etwas ist doch kein Zufall. Es gibt mehr im Leben, so viel mehr als das, was einem vor Augen ist!

Generell ist und bleibt für mich trotz all meiner Vertriebsbemühungen jede Bestellung ein Wunder. Dass Menschen sich auf den Weg machen, hierher in dieses Gott sei Dank nicht gottverlassene Dorf Lichtenhain, und vor dem Hofladen stehen, einkaufen, Kaffee trinken und einfach alles schön finden, ist für mich nicht selbstverständlich. Genauso wenig, wie dass große Firmen sich auf einmal wieder an uns erinnern und Weihnachtspräsente ordern, sodass wir auch im Winter zu tun haben. Oder die Tatsache, dass wir immer wieder gute Ideen bekommen, wo noch verkauft werden kann und was man noch machen kann, und dass wir überhaupt genug Kraft für all das haben. Völlig erschöpft sacke ich oft schon früh abends in mein geliebtes Bett, schlafe wie ein Stein durch und kann am nächsten Morgen erfrischt weitermachen. Was für ein Geschenk, diese Kraft! Was für ein Geschenk, allein der nächste Morgen – alles ist wieder hell. Das Glas ist immer halb voll und nicht halb leer und oft am Überfließen. Je älter ich werde, desto mehr ist all das für mich keine Selbstverständlichkeit mehr, sondern unendlicher Grund zum Danken.

# Die offene Tür

Wir hatten Besuch von meinen drei Nichten und Neffen, die permanente Tantenzuwendung schön finden. Überall wuselte es von Menschen. War unser Haus gerade ein Haus oder ein Bahnhof? Im Hofladen und im Apfel-Café war viel los, es war Sommer – Ferienzeit. Die Kinder drängelten. Sie wollten an den nahe gelegenen Suckowsee, wo ich sie noch nicht allein hinschicken kann, dafür waren sie zu jung. Endlich hatte ich alles zusammen: den Picknickkorb, Handtücher, Schwimmflügel, Autoschlüssel. Die Mitarbeiter wussten Bescheid und Michael hatte ich auch vom Schreibtisch wegmanövriert. Ich ging mit den Kindern und allem Badezeugs schon mal zum Auto. Die Haustür ließ ich für Michael weit geöffnet stehen. Die Kinder und ich setzten uns abfahrbereit in seinen Jeep, ein Erlebnis für die Kinder, weil der Jeep nach Acker und Jagd aussieht und riecht und man sogar auch hinten auf der Ladefläche mitfahren kann. Alles sehr spannend! Nachdem Michael dann endlich da war, konnte es sofort losgehen.

Als wir nach Stunden zurückkamen, bekamen wir einen Riesenschreck. Die Haustür stand immer noch sperrangelweit offen. Über vier Stunden lang hätte jeder ungehindert hineinspazieren können. Und es kommen jeden Tag etliche Menschen an unserer Haustür vorbei. Viele Besucher bestaunen das schöne Blumenbeet vor der Hauseingangstür, die Apfelmostkunden gehen dort vorbei, um im Hofladen ihre Rechnung zu bezahlen, und auch für jeden Vorbeifahrenden ist unsere Eingangstür schon von weither zu sehen.

Wie war es zu diesem Zustand gekommen? Michael war zur Hintertür hinausgegangen und wir hatten das Haus beim Losfahren nur von der Giebelseite her gesehen. Dadurch hatte keiner von uns die offene Tür bemerkt. Als wir ins Haus gingen, stellten wir erleichtert fest, dass nichts passiert war. Wir waren mit einem Schrecken davongekommen. Wie dankbar waren und sind wir Gott für so viel Schutz und Bewahrung von Haus, Hof und Gut.

# In den Bergen

Wir waren in den Bergen im Urlaub. Wundervoller Schnee, Sonne, gute Luft, mal woanders sein … manchmal brauchen wir das, so schön es auch ist in Lichtenhain. Wir genießen es dann besonders, kleinere Unternehmungen oder lange Spaziergänge zu machen, gerne auch durch den tiefen Schnee.

An einem Tag hatte es uns die lange Rodelbahn angetan. Wie lange waren wir schon nicht mehr Schlitten gefahren! Nach einem mühsamen Aufstieg rodelten wir den Berg wie im Nu wieder hinunter. Es war eine spannende und schnelle Strecke. Kurvig zog sie sich durch den verschneiten Winterwald.

Unten angekommen, sagten wir wie aus einem Mund: „Noch mal!"

Nun hatten wir aber beide keine Lust, den langen ausgewiesenen Weg zurückzulaufen. Wir beschlossen, den Berg entlang der Rodelbahn hochzulaufen. Etwa als wir die Hälfte der Strecke hinter uns gebracht hatten und wir gerade quer durch den Wald liefen, sauste mit Karacho ein unbemannter Schlitten direkt vor meinem Kopf vorbei. Er flog einfach durch die Luft! Es war haarscharf. Nur wenige Millimeter fehlten. Ich hätte tot sein können. Meine Knie zitterten wie selten in meinem Leben. Oben angelangt, hatte ich genug von dem Rodelvergnügen und brauchte erst einmal einen Kaffee.

In einer ähnlich gefährlichen Situation fanden wir uns eines Sommers auf einer Bergwanderung wieder. Wir hätten gleich zu Beginn des Weges stutzig werden sollen. Eine relativ große Wandergruppe kam uns stumm, sehr stumm, und im Nachhinein irgendwie nachdenklich und erschöpft entgegen. Keiner grüßte freundlich. Alle schienen total kaputt zu sein. Es waren bestimmt acht oder zehn Menschen. Wir ließen uns davon jedoch nicht irritieren, sondern wanderten frohen Mutes die ausgewiesene Wanderroute entlang, bis sich auf einmal kein Weg mehr fand. Nur umgefallene Bäume. Was nun? Wir beschlossen, oben über die Hindernisse hinwegzuklettern. Zurückzugehen hätte uns viel Zeit gekostet und hinter den Bäumen musste der Weg ja weitergehen. Also kletterten wir über teilweise sehr nasse, glitschige und angefrorene Baumstämme, die ungewohnt kreuz und quer vor uns lagen. Auf einmal hörten wir in der Ferne Motorengeräusche, konnten uns aber erst zusammenreimen was los war, als plötzlich ein riesiger Baumstamm relativ nah vor uns den Berg herunterratterte. Immer mehr Bäume, Äste und gesägte Baumstämme kullerten mit einem Affenzahn an uns vorbei. Waldarbeitstage in den Bergen und wir mittendrin! Das kleine, verwitterte, unscheinbare Schild mit dem Hinweis „Baumfällarbeiten“ zu Beginn unserer Bergwanderung hatten wir einfach übersehen bzw. total unterschätzt und waren durch die dürftige Absperrung ohne nachzudenken durchgelaufen. Vollkommen erschöpft und besonders ich verängstigt, kamen wir auf einem Weg an, um kurz darauf die Sägestelle zu sehen, von der die riesige Gefahr für uns ausgegangen war. Wie leicht hätte das auch ganz anders ausgehen können. Die Waldarbeiter hatten von alledem nichts bemerkt und dachten, wir seien aus einer anderen Richtung gekommen.

# Der Unfall

Es war im November. Ich hatte eine Einladung zu einer vorweihnachtlichen Verkaufsveranstaltung am Rand von Hamburg. Eine Bekannte bot netterweise an, dort für mich zu verkaufen, wenn ich den Tisch mit meinen Produkten aufbaute. Das tat ich natürlich gerne. Meine Freundin Elisabeth war gerade zu Besuch bei uns in Lichtenhain und wir beschlossen, aus der Arbeit eine Unternehmung zu machen. Mit meinem großen Transporter fuhren wir die dreieinhalb Stunden über die wundervolle, meist leere Ostseeautobahn. Nach dem Aufbau war noch etwas Zeit und ich wollte Elisabeth unbedingt das wunderschöne und sagenumwobene Literaturhaus im Zentrum von Hamburg zeigen, ein Mekka für Schriftsteller und Schriftstellerinnen, wie sie eine ist.

Ich hätte sensibler sein und besser auf diese Stimme namens Heiliger Geist hören sollen. Elisabeth wollte lieber wieder nach Hause, doch ich wollte meinen Kopf durchsetzen. Das war der erste zarte Hinweis, den ich nicht gehört habe. Wir fuhren Richtung Innenstadt, wollten aber nicht mit dem dicken Transporter, sondern mit dem Taxi in die Stadt. Nur war am Taxistand weit und breit keines in Sicht. Dies war der zweite Hinweis, auf den ich nicht geachtet habe. Schließlich tauchte doch noch eines auf, aber das fuhr uns nicht ganz bis zum Literaturhaus, sondern wir mussten das Taxi noch einmal wechseln. Das zweite ließ furchtbar lange auf sich warten: das waren der dritte und der vierte Hinweis. Zu blöd von mir, nicht aufzugeben, nicht zu hören und mit dem Kopf durch die Wand zu wollen.

Schließlich landeten wir doch noch im Literaturhaus. Wir genossen die besondere Atmosphäre und das Essen und planten gemeinsam Lesungen, die Elisabeth dort veranstalten könnte. Es wurde recht spät. Als wir in Hamburg aufbrachen, war es schon dunkel. Über die windige Autobahn machten wir uns auf den Weg nach Hause.

Auf der Höhe von Grimmen, also schon wieder im tiefsten Mecklenburg, überholte ich mit nur 100 km/h ein langsamer fahrendes Auto, nicht wissend, dass es glatt – sogar spiegelglatt – war. Das sollte ich aber schnell herausfinden, denn ich musste während des Überholvorgangs leicht bremsen. Der Transporter kam ins Schlingern. Die plötzliche Küstenglätte ist nicht zu unterschätzen. Ich versuchte gegenzulenken. Bestimmt fünf bis sechs Mal stießen wir von einer Leitplanke an die andere. Schließlich blieben wir entgegengesetzt zur Fahrtrichtung auf der Überholspur stehen.

Ein Autofahrer hielt an und fragte, ob wir verletzt seien, fuhr dann aber weiter und ließ uns allein auf der Überholspur zurück. Unglaublich! Wir stiegen mit zitternden Knien aus. Kurz darauf zitterten wir nicht nur vor Schreck, sondern auch vor Kälte, denn es windete stark und wir froren extrem. Auf dieses eisige Wetter waren wir nicht eingestellt. Wie froh waren wir, als kurz darauf wieder ein Auto hinter uns hielt. Ein Mann stieg aus, der die ganze Situation beherrschte, von Warndreieck über Schutzwesten bis hin zu Mützen, und kurzerhand das Zepter in die Hand nahm. Er war vom Rettungsdienst – ein Engel für uns.

Ein Lkw nach dem anderen bretterte auf der spiegelglatten Straße unglaublich schnell an der Unfallstelle vorbei. Noch immer stand der Transporter auf der Überholspur. Nach ungefähr einer Stunde kam die Polizei. Sie geleitete uns nach Grimmen. Der Transporter fuhr nur noch im Schritttempo, aber immerhin, er fuhr!

In Grimmen angekommen, überließen uns die zwei netten Polizisten allerdings unserem Schicksal. Es war inzwischen Nacht – 1.30 Uhr. Sie verwiesen uns an die Tankstelle. Dem dortigen Mitarbeiter fiel nur ein Hotel am Platz ein. Wir froren wie die Schneider. Elisabeth, die bestimmt 10 kg leichter ist als ich, fror noch mehr. Das Hotel war natürlich zu und unter der angegebenen Telefonnummer niemand zu erreichen. Erschöpft liefen wir durch die einsamen Straßen Grimmens. Den Transporter wagten wir nicht mehr zu fahren und unsere Männer konnten uns bei dieser Glätte unmöglich abholen. Es half nur beten.

Als mein Blick wie zufällig an den Häusern nach oben glitt, sah ich einen Mann. Um zwei Uhr nachts lehnte er sich, nur mit einem Unterhemd bekleidet, aus dem Fenster. Eine Fata Morgana? Die Arme auf die Fensterbank gelegt und gemütlich eine Zigarette rauchend, war er da einfach so. Nach einer mir vertrauten kurzen Mecklenburger Kommunikation zeigte er mit der Hand auf ein Haus und meinte: „Klingeln Se mal da, die Frau vermietet!"

Ein Wunder, die Tür öffnete sich und die Dame des Hauses empfing uns mit den Worten: „Da haben Sie aber Glück, dass ich das Klingeln gehört habe, ich konnte ausnahmsweise nicht schlafen!" In ihrer nicht geheizten und leider auch nicht warm werdenden Ferienwohnung konnten wir freundlicherweise übernachten. Am nächsten Morgen fuhren wir dann mit einem Leihwagen zurück nach Lichtenhain.

Elisabeth hatte an dem Morgen wie so oft eine der Andachten von Charles Spurgeon gelesen. Die Losung an diesem Tag hatte gelautet: „Ich werde nicht sterben, sondern leben und des Herrn Werke verkündigen. (Psalm 118,17) Seitdem erinnern wir uns immer an diesen Novembertag und den Auftrag in unserem Leben.

Dieses Erlebnis und dieser Vers sind für uns eine Verpflichtung. Ich fahre oft über die Ostseeautobahn und komme an der Unfallstelle vorbei. Wäre es ein paar Meter früher passiert, wären wir tot. Dort gibt es keine Leitplanken und die Böschung ist sehr, sehr tief.

Der Höhepunkt war die Tatsache, dass mein Pastor mir kurz zuvor eine Vollkaskoversicherung für den Transporter spendiert hatte. Ich hatte ihn nämlich unserer Gemeinde für einen Kleidertransport nach Polen ausgeliehen.

Diese zarte leise Stimme, die ich nicht gehört oder doch gehört und dann einfach übergangen habe, will ich lernen, besser zu hören und auch darauf zu reagieren. Vor einigen Tagen musste Michael auf eine mehrtägige Geschäftsreise. Beim Verabschieden kam mir noch der Gedanke, ob er wohl sein Handyladekabel eingesteckt hatte. Ich habe ihn aber nicht danach gefragt. Die Not war dann ziemlich groß, denn das Kabel war tatsächlich nicht mit von der Partie. So will ich lernen, besser zu hören.

# Das Tortenwunder

In der Bibel gibt es die Geschichte von einer Witwe und ihren Söhnen, die so verschuldet sind, dass der Gläubiger die Söhne als Sklaven nehmen will. Die Witwe ist verzweifelt. Alles, was sie noch hat, ist ein Krug Öl. Der Prophet Elisa weist sie an, sich von ihren Nachbarinnen leere Gefäße zu leihen, und zwar nicht zu wenige, und diese mit dem Öl aus ihrem Krug zu füllen. Tatsächlich kann die Witwe ein Gefäß nach dem anderen bis an den Rand füllen. Erst als alle geliehenen Krüge voll sind, hört das Öl auf zu fließen. Die Witwe kann ihre Schulden bezahlen und hat noch genug zum Leben für sich und ihre Söhne.

Diese Geschichte kommt mir oft in den Sinn, wenn ich an mein Tortenwunder denke. Ich hatte beschlossen, im Radio Werbung zu machen, und der Journalist kam für das Aufnehmen zu uns nach Lichtenhain. Als ich sein Auto sah, traute ich meinen Augen kaum. Der komplette Kofferraum und die Rücksitze waren bis oben hin vollgestapelt mit den allerschönsten Bäckertorten. Der Journalist öffnete die Türen und meinte nur: „Nehmen Sie sich so viele, wie Sie wollen! Ich komme gerade aus einer Großbäckerei und durfte mich von der Palette bedienen! Ich weiß gar nicht, warum ich die alle eingepackt habe. Was soll ich nur damit anfangen?“ Was, so viele ich wollte? Wirklich? Auf die Schnelle wusste ich gar nicht, wohin damit. Ich überlegte hastig, wie viele Torten ich wohl einfrieren könnte. Zehn, mehr Platz war beim besten Willen nicht. Ich nahm dann noch einmal so viele, um sie meinen Mitarbeiterinnen zu schenken. Am nächsten Tag ist die Freude bei den Frauen riesig. Das hatte ich in dem Ausmaß nicht erwartet. Ich hätte ohne Probleme die doppelte Menge nehmen und noch viel mehr Freude verschenken können. Ich hätte das ganze Dorf und meine Gemeinde noch dazu mit Torte beglücken können. Der Journalist war echt überfordert mit diesem Segen und auch ich hatte gedanklich längst nicht genug „Gefäße“ parat. Das nächste Mal bin ich hoffentlich besser für ein solches Wunder gewappnet.

# Das Blumenwunder

Es war kurz vor meinem Geburtstag. Ich fühlte mich irgendwie einsam und ungeliebt. Gedanken wie „Keiner liebt mich!“, „Denkt überhaupt noch jemand so richtig an mich, immer muss ich an alle Geburtstage denken!“, „Ich werde einsam, vor lauter Arbeit und Geschäft verlassen mich meine Freunde und Familie – da habe ich den Salat“ und „Ich werde nie wieder ein liebevolles Geburtstagsgeschenk von meiner Mutter bekommen“ geisterten durch meinen Kopf. Wider besseres Wissen veranstaltete ich also doch eine Pityparty! Dass mein Mann mir jedes Jahr einen wunderbaren Geburtstag bereitet, zählte in dem Moment so gar nicht. Gedankenverloren schaute ich aus dem Küchenfenster, während ich all dem undankbaren, das Gehirn zerstörenden Unsinn freien Lauf ließ. Plötzlich bog ein großer Lieferwagen um die Ecke. Ich hatte nichts bestellt und erwartete auch keine Ware für den Betrieb. Neugierig ging ich hinaus. Manchmal ist es eine Lieferung auch für unsere netten Nachbarn, aber diese war für mich bestimmt. Als Absender entpuppte sich ein schwäbischer Freund. Oh diese wundervollen schwäbischen Freunde! Dieser Freund besitzt mit seiner Frau ein hinreißendes Blumen- und Dekorationsgeschäft. Mehrere Paletten voller blühender Stauden und Blumen hatten sie mir geschickt. Einfach so. Zu guter Letzt noch jede Menge Blumenkübel und eine liebevoll eingepackte Blumendüngerflasche. Ein Traum, ein Traum, ein Traum! Dazu ein Brief: „Das haben wir gerade übrig und wir dachten da an dich!" Ich war überwältigt und zu Tränen gerührt. An all den Farben würde ich den ganzen Sommer lang Freude haben. Wieso denkt da jemand ausgerechnet an mich und nicht an jemand anderen? Warum bekomme ich die Lieferung genau in dieser Situation zugestellt? Für mich ist so etwas Gott. Manchmal kann ich kaum glauben, wie er in meinem Leben am Wirken ist.

# Errettung

Das allergrößte Wunder meines Lebens ist für mich meine Errettung – für die ich unendlich dankbar bin. Oft denke ich darüber nach, wie es wohl im Himmel sein wird. Golden soll es dort sein und zu hören sind unaussprechlich schöne Laute und es herrscht immerzu Frieden. Dort gibt es keinen Neid und Streit, keine Sorgen und Ängste, keine Schmerzen und Not, es ist nie langweilig und Jesus ist jetzt schon dort und bereitet uns eine Wohnung. So steht es alles in der Offenbarung. Durchforstet man die Bibel nach Aussagen über den Himmel, so gibt es dort viele wunderschöne Stellen. In Jesaja 6, Hesekiel 1, Daniel 7, Verse 9-10, oder Johannes 14, Verse 2-3, kann man zum Beispiel etwas über den Himmel nachlesen. Ich lebe in der Freude, dass mein Name im Buch des Lebens geschrieben ist und ich die Ewigkeit bei Jesus verbringen darf. Wir dürfen uns den Himmel wie einen unbeschreiblich schönen Garten vorstellen und eine wunderschöne Stadt.

Mein Vater ist ja mit 60 Jahren noch Pastor geworden.

Ich dachte, alles sei in Ordnung und ich käme automatisch in den Himmel, wenn ich immer schön brav mit meinem Vater in die Kirche ginge, die Orgel spielte und ihm bei der Gemeindearbeit helfen würde. Dass der Glaube eine persönliche Entscheidung für Jesus Christus erfordert, lernte ich erst, als ich mit 19 Jahren nach Tübingen kam. Ich nahm dort an den Treffen einer christlichen Studentengruppe teil und erlebte zum ersten Mal, wie ein Mädchen frei betete: „Lieber Gott, hilf mir, dass mein Fahrrad wieder heil wird." Ich dachte nur: Wie bescheuert, da organisiert man sich einen Kommilitonen, der das repariert, oder man geht in ein Fahrradgeschäft und bezahlt die Reparatur und fertig. Dass man aber auch um solch kleinste Anliegen beten kann, lernte ich erst mit der Zeit. Allerdings hatte ich bis zu diesem Zeitpunkt schon immer gerne die Gebetshilfe von anderen in Anspruch genommen. Betet doch mal für mich, ich habe die oder die Prüfung etc. Dazu hatte ich eine ganze Armada an Listen, wem ich alles Bescheid gab, wenn in meinem Leben mal wieder Notfall X eintrat.

Beim gemeinsamen Lesen der Bibel blieb ich immer wieder an den Versen hängen, in denen es um Errettung ging. Ich konnte mir nichts darunter vorstellen, bis es mir eines Tages wie Schuppen von den Augen fiel: Es gibt ein Leben jetzt und ein Leben nach dem Tod. Doch wie kann man das Leben nach dem Tod erlangen? Im zehnten Kapitel des Römerbriefes heißt es in den Versen 9 und 10: „Denn wenn du mit deinem Mund bekennst: ‚Jesus ist der Herr', und wenn du von ganzem Herzen glaubst, dass Gott ihn von den Toten auferweckt hat, dann wirst du gerettet werden."

In Jesaja 30, Vers 15 heißt es: „So spricht der Herr, der heilige Gott Israels: Kehrt doch um zu mir, und werdet ruhig, dann werdet ihr gerettet! Vertraut mir und habt Geduld, dann seid ihr stark."

In Daniel 6, Vers 28: „Er rettet und befreit, er vollbringt Wunder und zeigt seine große Macht im Himmel und auf der Erde."

In Joel 3, Vers 5: „Wer dann meinen Namen anruft, soll gerettet werden."

In Matthäus 10, Vers 22: „Alle Welt wird euch hassen, weil ihr euch zu mir bekennt. Aber wer bis zum Ende durchhält, wird gerettet." Auch darauf sollten wir vorbereitet sein.

In Johannes 10, Vers 9: „Ich allein bin die Tür. Wer durch mich zu meiner Herde kommt, der wird gerettet."

In Apostelgeschichte 2, Vers 21: „Wer dann den Namen des Herrn anruft, wird gerettet werden."

Und in Apostelgeschichte 16, Vers 31: „Glaube an den Herrn Jesus, dann werden du und alle, die in deinem Haus leben, gerettet."

Es ist ein Wunder und immer wieder unfassbar für mich, dass es mich gepackt hat, aber nicht alle um mich herum. Wie sehr wünschte ich mir dies für jeden Menschen. So viele Wunder sind in meinem Leben geschehen, bevor ich diesen Schritt gemacht und Jesus als meinen Herrn angenommen habe. Gott liebte mich wohl auch da schon unendlich. Aber er wünscht sich nichts sehnlicher, als dass alle Menschen diesen Schritt tun, zu ihm kommen und sich ihm anvertrauen. Nach nichts sehnt er sich mehr.

In einem Jahr erschütterten mich hier in der Uckermark einige viel zu frühe Tode von Weggefährten, sehr lieben, unser Leben intensiv begleitenden Menschen, und ich war verzweifelt, weil mich das Gefühl quälte, nicht genug erzählt zu haben von der Hoffnung der Ewigkeit, wie sie in Kapitel 10 des Römerbriefes beschrieben ist oder in Kapitel 3 des Johannesevangeliums. Manchmal, wenn ich so gar keinen Zugang zu den Menschen bekommen kann, flehe ich sie an, doch wenigstens diese beiden Kapitel in der Bibel zu lesen und sich auf die Wahrheit zu besinnen, die darin steht. Nach dem Tod unserer Freunde machte ich mir Vorwürfe, nicht genug gesagt zu haben, ist doch jeder Mensch, der mit mir in Kontakt kommt, eigentlich nur einen Meter von der Ewigkeit entfernt, und ich? Wie oft schweige ich. Oft ist es dann wirklich einfach zu spät. Ein unerträglicher Gedanke. Die Tränen, die wir im Himmel weinen werden, gelten ganz sicher den Menschen, die dann nicht bei uns sind und mit uns in dieser Herrlichkeit weiterleben dürfen.

# Auszeit

Nach einer intensiven Arbeitswoche starteten Michael und ich in unser Familienfestwochenende. Michaels geliebte zwei Patenkinder hatten beide an diesem Wochenende Konfirmation, allerdings an sehr weit voneinander entfernt liegenden Orten. Als das Wochenende sich seinem Ende zuneigte, waren wir im Süden der Republik. Eine lange, staureiche Rückfahrt stand uns bevor. Nachdem wir bereits etliche Kilometer hinter uns gebracht hatten, schauten wir uns plötzlich an und entschieden: Wir fahren noch nicht nach Hause! Wir machen quasi einen Tag blau! Sind einfach mal nicht da.

Wir waren bei Frankfurt. Keine Ahnung, wo wir hier so spontan schön übernachten konnten. Etwas müde und planlos fuhren wir an einer halbwegs bekannten Abfahrt ab, woraufhin wir in einer sonntagnachmittaglichen hessischen Kleinstadt landeten, in der die Bürgersteige schon hochgeklappt waren. Wir schlenderten auf der Suche nach einer Tasse Kaffee durch die Straßen. Um zehn vor sechs stießen wir schließlich doch noch auf ein bescheidenes Stadtcafé. Es wurde schon alles zusammengepackt, aber wir baten noch schnell um ein Stück Kuchen und eine Tasse Kaffee, was uns auch freundlich gebracht wurde. In dem Café saß allein eine ältere Dame. Als ob es so sein sollte, war sie eine ehrenamtliche Stadt- und Fremdenführerin für die ganze Gegend und empfahl uns ein wunderschönes Hotel nur zehn Kilometer entfernt, mit Spaziergehmöglichkeiten, ein Geheimtipp sozusagen. Das alles hätten wir auch mithilfe unserer internetfähigen Handys nicht so schnell herausfinden können. Was waren wir glücklich! Gott meinte es einfach gut mit uns.

# Ein rollender Holzklotz

Der Einkaufsweg nach Boitzenburg ist gefühlte vier Kilometer lang, es sind aber wohl sieben Kilometer. Meistens habe ich es eilig. Auch an diesem Tag fuhr ich etwas zu schnell den kleinen Berg ins Dorf hinein, bog um eine Linkskurve, eine Rechtskurve und fuhr den Hügel an der Kirche wieder hoch. Der Gedanke an meinen bevorstehenden Einkauf ließ mich mit einem Mal langsamer werden. Plötzlich sah ich links von mir in einem hohen Tempo einige riesige Holzstämme den Berg herunterrollen. Oben wurden einige Bäume abgesägt und mit der Säge in Kloben geschnitten. Ein riesiger, schwerer, klobiger Holzklotz landete direkt vor meinem Auto. Nicht auszudenken, was passiert wäre, wäre ich normal schnell gefahren. Der Holzklotz hätte mich genau auf der Fahrerseite erwischt.

Mitten im Leben sind wir vom Tod umgeben. Jeder von uns erlebt solche Situationen. Die Frage ist: Bin ich bereit? Ist mein Haus bereitet? Es kann jederzeit vorbei sein. Ist alles mit meinen Mitmenschen aufgeräumt, vergeben, in Frieden?

Für mich ist es ein Wunder, dass nichts passierte und ich nachdenklich weiterfahren konnte.

„Glück gehabt", sagt ein junger Mann, der gerade heil aus einem verunglückten Auto ausgestiegen ist. *Noch mal mit dem Schrecken davongekommen*, denkt der Nächste. Ich preise meinen Schöpfer. Jeden Morgen will ich ihm danken für seine Bewahrung und den Tag und meine Lieben unter seinen Schutz stellen. Wunder in meinem Leben. Für den einen ist es ein Wunder, für den anderen ein „Na und?".

# Die verbrannten Abfüller

Es war während der Apfelernte. Eine wundervolle, aber auch sehr anstrengende Zeit. Obwohl wir inzwischen recht gut organisiert sind, klappt nicht immer alles. Einer unserer Mitarbeiter stand kurz vor seiner Hochzeit und war aus gegebenem Anlass nicht so ganz bei der Sache. Ich liebe Paare und Hochzeiten und wollte als nette Arbeitgeberin diesem Glück natürlich nicht im Weg stehen. Doch so gerne ich das freudestrahlende Paar auch hatte und so verständnisvoll ich alle SMS und Besuche der Braut vor Ort anfangs hinnahm, musste der Betrieb doch laufen, schließlich stand auf dem Hof alles voll mit Äpfeln.

Eines Abends wurde es mir zu bunt und ich holte das so glückliche, bis über beide Ohren verliebte Paar zu mir in die Küche. Bei aller Einsicht blieb mir nichts anderes übrig als ein Machtwort zu sprechen, denn die Arbeit musste schließlich geschafft werden. So gehe es nicht weiter, er sei gar nicht bei der Sache und wenn sie immer schon lange vor Arbeitsende in die Mosterei käme, um dort auf ihn zu warten, sei er durch ihre Gegenwart so abgelenkt, dass gar nichts mehr gehe. Künftig müsse das anders werden und überhaupt: Fünf SMS am Tag müssten reichen. Wutentbrannt verabschiedete ich das bedröppelte Paar. Wir trennten uns nicht gerade versöhnt und ich stürmte selbst ebenfalls aus der Küche, ohne an die Abfüller zu denken …

Diese Abfüller koche ich jeden Abend auf dem Küchenherd ab, um sie so zu sterilisieren. Normalerweise sind sie an der Mosterei angebracht. Durch die Abfüller wird der Saft in die Flaschen gefüllt.

Auch an diesem Abend hatte ich sie nach dem Mosten in den großen Edelstahlbräter gelegt, den ich von meiner Mutter geerbt hatte. Beide Herdplatten auf sechs gestellt, ging das normalerweise recht schnell. Durch das Gespräch mit dem Mitarbeiter und seiner Verlobten hatte ich den Herd jedoch völlig vergessen.

Erst beim Aufwachen am nächsten Morgen fiel es mir wieder ein. Die Abfüller! Seelenruhig hatte ich die ganze Nacht geschlafen und auch die feine Nase meines Mannes hatte nichts gerochen. Küche und Schlafzimmer befanden sich zu diesem Zeitpunkt noch auf verschiedenen Stockwerken.

Ich rannte ins Erdgeschoss. Schon auf dem Flur kam mir ein beißender Öl- und Gummigeruch entgegen. Vier mit dicken Gummiringen ummantelte Abfüller brieten völlig zerstört und zerbröselt auf zwei glühenden Kochplatten in dem guten Edelstahlbräter vor sich hin. Alles glühte. Wie lange war der Herd schon an? Sieben Stunden? Acht Stunden? Neun Stunden? Ich wusste es nicht mehr. Und es war nichts weiter passiert. Unfassbar!

Unsere neuen teuren gelben Gardinen stanken schlimm vor sich hin und alles war mit einem leichten klebrigen Film überzogen. Es war einfach nur furchtbar. Nicht auszudenken, was passiert wäre, wenn ich meinen alten billigen Bräter genutzt hätte, statt den guten von meiner Mutter. Es war wie ein letzter, beschützender Gruß von ihr – so kam es mir zumindest vor.

Um neun Uhr kamen die ersten Mostkunden. Und wir hatten keine Abfüller. Fix und fertig organisierte ich von einem Kollegen, der eine Stunde entfernt wohnt, einen Ersatz. Ab 12 Uhr konnte es weitergehen.

Wäre ich doch bloß milder mit dem jungen Glück gewesen!!! Es war mir eine Lehre. Natürlich kann man nicht jedem Konflikt aus dem Weg gehen, aber ich bemühe mich seitdem intensiv darum, versöhnt und sachlicher auseinanderzugehen. Die Hochzeit selbst war übrigens wunderschön und alles war vergessen.

# Wetter

Besonders während der Apfelsaftzeit, wenn wir viel mit der mobilen Mosterei unterwegs sind, ist das Wetter für uns sehr wichtig. Wenn den ganzen Tag lang die Sonne brennt, wird das Mosten ziemlich anstrengend und geht auf den Kreislauf. Ist es zu kalt, wirkt das sehr demoralisierend und die Nerven liegen blank. Kommen dann noch Regen und Wind dazu, leiden alle ziemlich, besonders gegen Ende der Mostsaison, wenn die Kräfte schon am Schwinden sind. Hinzu kommt, dass der Abbau meines Verkaufszeltes und des Daches auf der Mosterei im Regen ganz besonders mühsam ist. Unzählige Male durften wir erleben, dass es auf die Minute genau erst in dem Moment anfing zu regnen oder einmal Ende Oktober sogar zu schneien, als wir mit dem Abbau fertig waren und in den Autos saßen.

Doch noch wichtiger als im Herbst ist das Wetter für uns im Frühjahr, während der Apfelblüte. Einmal habe ich es in den 15 Jahren bisher erlebt, dass der Frost einen Totalausfall in der Apfelernte beschert hat. Im Mai sind die Fröste wegen der kurzen Blüte immer eine Gebetszitterpartie. In einem Jahr herrschte rings um uns herum Totalausfall und wir durften ernten. Sonst hingen weit und breit keine Äpfel an den Bäumen. Ein Wunder! Ach, ist es nicht überhaupt ein Wunder, dass es jedes Jahr wieder eine Ernte gibt? Für mich ist es manchmal kaum zu fassen, dass die Bäume jedes Jahr wieder so übervoll hängen. Dieser unverdiente Segen, diese Fülle, und das regelmäßig jedes Jahr wieder neu. Es ist mir unbegreiflich, wie gnädig Gott unserem Land ist, obwohl doch so viele Menschen nichts von ihm wissen wollen.

# Beerdigungen

Beerdigungen spiegeln oft den Charakter des Verstorbenen wider – hat meine Mutter einmal gesagt. Jeder mache sich seine Beerdigung selbst. Ich habe in den letzten Jahren viele Beerdigungen mit der Orgel begleiten dürfen. Oft kam ich gerade noch rechtzeitig – alle saßen schon stumm da, keiner redete. Auch in geheizten Kirchen war die Atmosphäre oft irgendwie kalt. Bei vielen dieser Beerdigungen war Gott so fern. Die Menschen wirkten hilflos – schulterzuckend und mit einem „Das ist eben so" nahmen sie Abschied. Wenn „So nimm denn meine Hände" angespielt wurde, sangen nur ich und noch einige Tapfere mit. Was in den Seelen vorging, wage ich nur zu erahnen. Selbst am Grab waren viele tränenlos.

Doch eine Beerdigung war so ganz anders, herzerweichend. Unser lieber Nachbar war gestorben. Ein Freund. Bauer durch und durch. Immer freundlich. Was für eine Wohltat. Wir hatten so viele gute Gespräche über Gott miteinander geführt und zusammen und füreinander gebetet.

Ein einfacher Mann, Flüchtling. Er und seine Frau waren eine unserer ersten liebevollen Anlaufpunkte hier in der Uckermark. Er war zeit seines Lebens ein hart arbeitender Mensch mit zerfurchten Händen, aber immer mit einem Lächeln auf den Lippen und einem guten, ermutigenden Wort für sein Gegenüber.

Bei seiner Beerdigung war die große Dorfkirche bis auf den letzten Platz gefüllt. Viele Lieder wurden gesungen. Meine Tränen flossen ungehindert. Am besten, man lässt es einfach laufen in solchen Momenten und schmiert nicht mit dem Taschentuch alles durcheinander und macht es nur noch schlimmer.

Es war ein kühler, wolkenverhangener, dunkler, von Gewittern durchzogener Tag. Doch in dem Augenblick, in dem der Sarg in die Erde gelassen wurde, brach die Sonne mit ganzer Macht durch die Wolkendecke hindurch und hinter uns erstreckte sich ein riesiger, leuchtender Regenbogen über das ganze Feld. Ein Raunen ging durch die Trauergesellschaft, der auch viele Menschen beiwohnten, die mit Gott nichts anzufangen wussten. Wie gerne hätte ich mich mit ihnen darüber unterhalten. Dieser Regenbogen tröstete die Familie und uns sehr über den Verlust hinweg.

# Das Ehe-Gebet

Auf meinen Lesereisen geht es oft sehr hektisch und betriebsam zu. Trotzdem versuche ich meine geistlichen Antennen weiter auf Senden und Empfangen eingestellt zu lassen und wahrzunehmen, was Gott mir sagen möchte. Das gelingt mir mal besser, mal schlechter. Einmal war ich tief im Süden zu einer Lesung eingeladen. Die Buchhandlung war bis auf den letzten Platz gefüllt.

Es war eine wundervolle Veranstaltung. Wir haben alle viel gelacht und eine intensive Zeit miteinander gehabt. Nach der Lesung kamen etliche Teilnehmer zu mir und suchten das Gespräch. Ganz am Schluss trat eine Frau auf mich zu, die mich bat, ihr Exemplar von *Himmlische Köstlichkeiten* zu signieren. Sie bedankte sich bei mir für den erfrischenden, Mut machenden Vortrag, der sie sehr angesprochen habe, und wir unterhielten uns eine Weile. Plötzlich kam mir eine Frage in den Sinn, die mir selbst merkwürdig vorkam, aber ich hatte das Gefühl, sie stellen zu sollen. Das passiert mir manchmal.

Inzwischen weiß ich, dass das von Gott sein muss. Ich fragte sie also: „Brauchst du einen Mann?“ Verdutzt starrte sie mich an. Schließlich erzählte sie jedoch, dass sie tatsächlich gerne einen Mann hätte, aber seit Jahren keinen Erfolg habe. Ich erzählte ihr von zwei Landwirten in unserer Gegend, wunderbare Männer, die noch zu haben sind. Sie wiegelte ab. Ein Landwirt sei schon in Ordnung, sie sei schließlich selbst von einem Hof, aber so weit in den Norden wolle sie nicht ziehen! Ich bot der Frau an, für sie zu beten. Und das tat ich dann auch. Ungefähr sechs Monate später bekam ich eine E-Mail: Sie habe jemanden kennengelernt. Einen Landwirt, wie sich herausstellte, der auf halber Strecke zwischen ihr und ihren Eltern wohnte. Ein weiteres halbes Jahr später folgte die Heiratsanzeige. Ich wollte nach diesem durchschlagenden „Gebetserfolg“ natürlich ein Beweisfoto.

Die hübschesten Hochzeitsfotos kamen.

Ich scheine für solche Fälle eine Gebetsbegabung zu haben. Irgendwie möchte man die Menschen doch auch glücklich sehen. Immer klappt es jedoch nicht und ich habe mich mit meinen Bemühungen auch schon ganz schön ins Fettnäpfchen gesetzt, was mir von Herzen leidtut!

# Ein Traum

Das war schon eigenartig. Seit Langem – über 20 Jahre – wussten wir voneinander. Begegnet waren wir den Kollegen meines Mannes aus der Landwirtschaft, die ca. 50 km von uns entfernt auch vor so langer Zeit angefangen hatten, einen Betrieb zu gründen, aber noch nie. Zufällig standen sie an einem Samstagnachmittag in unserem Apfel-Café. Wir hatten durch die vielen Gemeinsamkeiten einen regen Austausch. Einer der beiden kam nur an den Wochenenden in die Uckermark und arbeitete ansonsten in einer besonderen, einflussreichen Stelle in einem Ministerium in Berlin. Besonders für meinen Mann war es eine interessante Begegnung.

Am Montag besuchte uns ein alter Schulfreund meines Mannes. Während des Gesprächs erzählte er, er habe geträumt, jemand würde ihm die Tür in ein bestimmtes Ministerium öffnen können und diese Person könnte ihm mit seinem Anliegen weiterhelfen. Wir trauten unseren Ohren kaum. Das war ja wirklich unglaublich. Wir gaben ihm die Visitenkarte unseres zufälligen Samstagsbesuchs und tatsächlich erwies sich dieser als genau der richtige Ansprechpartner für den Schulfreund meines Mannes. So etwas macht Spaß! Was aus der Angelegenheit genau geworden ist, kann ich nicht sagen, aber kennt das nicht jeder: Jahrelang hat man an eine bestimmte Person nicht gedacht, doch plötzlich muss man intensiv an diesen Menschen denken. Kurz darauf kommt entweder ein Telefonat oder ein Brief. Es gibt einfach mehr zwischen Himmel und Erde.

Inzwischen versuche ich es mir zur Gewohnheit zu machen, jedes Mal, wenn ich besonders an einen Menschen denke, für diesen zu beten. Vor einiger Zeit ging es mir nämlich so, dass ich sehr intensiv an einen bestimmten Menschen denken musste – mit Sorge und auch mit einem schlechten Gewissen, weil ich noch etwas gutzumachen hatte und mich entschuldigen musste. Ich habe ihn aber weder angerufen noch geschrieben, sondern die Sache auf sich beruhen lassen. Einige Tage später lag ein schwarz umrandeter Brief im Postkasten. Der betreffende Bekannte war von einem Spaziergang nicht zurückgekehrt. Er hatte unterwegs einen Herzinfarkt erlitten. Erst nach langem Suchen hatte man ihn tot aufgefunden. Ich habe mir lange Vorwürfe gemacht und mir fest vorgenommen, beim nächsten Mal sofort Kontakt aufzunehmen, denn wie schnell kann es zu spät sein.

# Das Frauenfrühstück in Parchim

Die Wende beschäftigt mich hier in der Uckermark sicher mehr als einen Deutschen aus Köln oder dem Ruhrgebiet. Wieder einmal habe ich zu einem Frauenfrühstück zugesagt. Es soll am 8. November 2014 stattfinden – 25 Jahre nach der Wende. Die Veranstalterin ruft mich am Tag vorher noch mal an, Gott sei Dank, denn in meinem Kalender stand der Termin eine Woche später. Nicht auszudenken, wenn ich einfach nicht da gewesen wäre. Der Albtraum eines jeden Veranstaltungsteams: Kommt der Referent auch pünktlich? Und kommt er überhaupt? In diesem Fall war es wirklich haarscharf. Auch sollte ich vorher eigentlich Pressefotos und Texte schicken, was irgendwie nicht geklappt hatte, und so war bei der Veranstaltung keine Presse anwesend. Das zweite Gott sei Dank! Ungefähr 100 Frauen waren erwartungsvoll in den großen Saal des Parchimer Rathauses gekommen.

Die Veranstalterin sprach über die besondere Bedeutung des 9. Novembers 1989 und ich begann mit dem ersten Kapitel meines Buches *Die Apfelgräfin*, in dem ich beschreibe, wie ich die Wende erlebt habe. Das geschichtsträchtige Datum überkommt mich und – ich verliere vor den 100 Frauen die Fassung. Nicht wieder einzufangen. Gott sei Dank war die Presse nicht da, wer weiß, wie die die Situation dargestellt und ausgeschlachtet hätte. So blieb alles quasi „unter uns". Was war ich dankbar. Als ob Gott das schon vorher gewusst und die Situation unter Kontrolle gehabt hatte. Natürlich hatte er das. Wie unangenehm waren mir meine Tränen vor all den Frauen. Aus den direkten Reaktionen sowie den folgenden Briefen und E-Mails schlug mir jedoch viel Liebe und Zuneigung entgegen, worüber ich noch lange dankbar war. Parchim werde ich nie vergessen.

# Falsch getankt

Nachdem ich eine Verkaufsveranstaltung in Berlin erfolgreich hinter mich gebracht hatte, kämpfte ich mich durch den dichten Stadtverkehr und landete glücklich wieder auf der Autobahn in Richtung Norden. Ab nach Hause! Wenn man aus der hell erleuchteten Stadt herausfährt, denkt man zuerst immer, man habe die Scheinwerfer gar nicht an. Es war schon stockdunkel, als ich feststellte, dass die Tankanzeige sich merklich dem Ende zuneigte. Leider wusste ich, dass es bis zur nächsten Autobahntankstelle noch ein ganzes Stück zu fahren war. Etwas nervös fuhr ich weiter, ein Auge immer auf den Tank gerichtet. Er war so gut wie leer, als ich auf die Autobahnraststelle Buckow einbog, die letzte Tankstelle vor Polen, „unsere Tankstelle“. Ich weiß, wie die Pommes dort schmecken, kenne das Personal, weiß, welche Zeitschrift nicht zu kaufen ist und welche ich dort bekomme. Etwas gedankenverloren und sehr müde tankte ich. Wieder auf der Autobahn, fing der Motor nach einigen Kilometern merkwürdig an zu stottern. Entsetzt fingerte ich den Tankbeleg aus meiner Handtasche. Im schwachen Licht der Innenbeleuchtung erkannte ich, dass ich doch tatsächlich Benzin statt Diesel getankt hatte! Noch zehn Kilometer bis zur Abfahrt. Mit dem falschen Sprit drin. Mit 20 km/h kroch ich auf dem Seitenstreifen so langsam wie möglich bis zur Abfahrt Pfingstberg, wo der Motor dann ausging. Ich konnte gerade noch den leichten Berg hinunterrollen und den Transporter an der Seite der Straße parken. Wie immer in der Uckermark war weit und breit kein anderes Auto zu sehen. Gott sei Dank gibt es Handys, die auch hier Empfang haben, und so kam Michael, um mich abzuschleppen. Wäre der Transporter auf der Autobahn liegen geblieben, wäre alles sehr mühsam und gefährlich gewesen, aber davor waren wir bewahrt worden. Der Transporter wurde dann gleich in der Werkstatt „ausgesaugt" und dem Motor war doch tatsächlich nichts passiert. Habe ich ein Glück, was???

# Blitzer in Leipzig

Buchmesse in Leipzig. Für jeden lesenden und schreibenden Menschen ist die Buchmesse von Zeit zu Zeit noch ein Muss. Hoffentlich ändert sich das nicht angesichts der Entwicklungen im E-Book-Bereich und neuer Lesegewohnheiten. Dieses haptische Erlebnis, ein Buch in der Hand zu haben, es durchblättern zu können und dann schweren Herzens nach einigen Tagen, an denen man sich in einer anderen Welt wähnte, mit der letzten Seite schließen zu müssen, das ist doch etwas sehr Bereicherndes.

Mit meiner Freundin Elisabeth Eberle ging es also nach Leipzig. Sie war mit dem schicken Auto ihres Mannes unterwegs, das natürlich mit dem neuesten Navigationssystem ausgestattet ist, und ich mit meinem geliebten Transporter und einem uralten Navi. So fuhr ich immer brav hinter ihr her vom Hotel zur Messe und zurück, wohl wissend, dass sie mehr als zügig fährt. Einmal jedoch war sie wirklich einfach zu schnell und fuhr lange vor mir über eine Ampel. Ich wollte noch schnell hinterher und plitsch hatte es mich erwischt. Ein fetter Blitzer. Das Rot des Blitzerlichts hat mich noch bis in meine Träume verfolgt. Eine rote Ampel zu überfahren kann einen je nachdem vier Wochen den Führerschein kosten und den kann ich hier in unserer ländlichen Region so überhaupt nicht entbehren. Wie sollte ich ohne Führerschein das Geschäft weiterführen? Ich war total verzweifelt und schrieb einen Bittbrief an die Polizei Leipzig über Gastfreundlichkeit und dass der Blitzer hinter der Kurve nach der Ampel doch wirklich nicht fair sei und so weiter. Ich wartete monatelang auf den bösen Brief, aber er kam nicht. Ein Wunder. Ich kann es bis heute nicht fassen und mag Leipzig seitdem wieder sehr. Was ist Leipzig doch für eine schöne Stadt!!!!

# Geheilt

Für den einen oder anderen mag das vielleicht etwas befremdlich klingen, aber ich habe tatsächlich schon mehrfach in meinem Leben die Erfahrung gemacht, dass Gott auch heute noch heilt. Das erste Mal erlebte ich körperliche Heilung von einem Moment auf den anderen im Zusammensein mit unseren Freunden, unseren „geistlichen Eltern“. Sie hatten uns zu einer Konferenz eingeladen, einem Wochenende mit Vorträgen und vielen Menschen. Eigentlich mehr ihnen zuliebe fuhren wir mit. Die Vorträge waren gut und vieles war neu für uns. In der Pause saßen wir zusammen. Meine fast unerträglichen, seit Jahren immer wieder auftauchenden Rückenschmerzen aufgrund einer Rückgratverkrümmung meldeten sich mal wieder stechend und so stark, dass ich kaum noch an etwas anderes denken konnte, zu Wort. Ich sagte aber nichts. Unvermutet fragte mich unser Freund plötzlich: „Hast du Rückenschmerzen?“ Er trank seinen Kaffee weiter. Ich fragte erstaunt: „Woher weißt du das?“ Er lachte: „Das sagt mir der Heilige Geist. Darf ich für dich beten?“ Natürlich ließ ich ihn für mich beten. Wer nimmt in so einer Situation nicht jede nur mögliche Hilfe an? Zu meiner Überraschung verspürte ich nach seinem kurzen Gebet eine wohltuende Wärme in der Rückengegend und die Schmerzen waren verschwunden. Für immer! Sie kamen nie wieder. Ich konnte mein Glück kaum fassen und danke Gott auch heute noch oft dafür. Ein einziges Mal hatte ich wieder extreme Rückenschmerzen, ich hatte mich verhoben und ein Nerv war eingeklemmt. Wie dankbar war ich, als der Schmerz vorbei war, und wie dankbar bin ich, dass der Schmerz nie wiederkam.

Ein andermal, es ist über 15 Jahre her, quälte mich mein Ischiasnerv. Ich verspürte auf der linken Seite einen stechenden, unerträglichen Schmerz. Bis in die Fußspitzen hinein. Wer diesen Schmerz kennt, weiß, dass dann alles andere lahmgelegt ist, das Denken, das Schlafen, das Arbeiten. Einfach alles ist blockiert. So ging es mir über Monate. Nichts half. Keine Wärme, keine Tabletten, keine Massagen. In einem Gottesdienst, den ich besuchte, wurde gefragt, ob jemand Schmerzen habe und für sich beten lassen wolle. Dieses Angebot nahm ich nur zu gerne in Anspruch. Schmerzgeplagt humpelte ich nach vorne und ließ für mich beten. Es war unglaublich: Danach war der Schmerz weg. Von einer Sekunde auf die andere. Im gleichen Gottesdienst betete der Prediger auch noch für eine junge Frau mit O-Beinen und ich habe gesehen, wie die Beine gerade wurden. Es ist passiert. Wirklich. Ich war dabei! Seitdem bete ich zur Zeit und Unzeit für Menschen, die krank sind, und habe schon manches Mal – nicht immer, das gebe ich zu – wunderbare Heilungen erlebt bei anderen Menschen. Im Jakobusbrief heißt es, wir sollen den Kranken die Hände auflegen und beten, damit es ihnen besser geht. Wunder gibt es heute auch noch. Auf jeden Fall! Ich habe es am eigenen Leib erfahren.

Aber Gott heilt nicht nur auf unser Gebet hin, er wirkt auch durch Medikamente und Ärzte. Und manchmal dürfen wir erleben, wie er uns genau im richtigen Moment mit dem versorgt, was wir brauchen. Einmal waren Michael und ich ein ganzes Wochenende auf einer großen Veranstaltung im Süden und sollten über Lichtenhain berichten. Ca. 80 Personen waren gekommen. Mal redete er, mal redete ich – mal redeten wir zusammen. Ich war krank. Den ersten Tag quälte ich mich so leidlich durch. Keiner bemerkte etwas. Doch als ich am Samstag mit meinem Part allein an der Reihe war, überkamen mich mit einem Mal schlagartig unerträgliche Schmerzen und ich musste den Raum alle 20 Minuten verlassen. „Singen Sie noch ein Lied, ich komme gleich wieder." Eine Teilnehmerin sprach mich an und meinte nur, diese Beschwerden habe sie auch öfter und sie habe das passende Medikament, welches gut helfe, in der Tasche. Ich wusste von diesen Tabletten noch gar nichts! Der Veranstaltungsort lag weit von der nächsten Apotheke entfernt und dass ausgerechnet das passende Medikament zur Stelle war, war wirklich großartig. Mehr als befreit konnte es nach einiger Zeit weitergehen und ich konnte ohne Probleme den Tag genießen.

# Wildschweine und fliegende Holzsplitter

Mein Mann Michael ist Jäger und manchmal begleite ich ihn gerne auf den Hochsitz. Einmal waren wir zu einer Jagd eingeladen. Es war klirrend kalt. Asja, unser Hund, schlüpfte unter meinen Mantel und wir wärmten uns gegenseitig. So hatten wir es sehr gemütlich, während Michael mit Beobachten beschäftigt war. Plötzlich kamen mehrere Wildschweine vor dem Hochsitz vorbei. Das Problem beim Treffen sind die Bäume. Das erste Wildschwein war getroffen, doch damit nicht genug: Jägerglück – es gab noch mehr Gelegenheiten. Da ich recht zart besaitet bin, wenn geschossen wird, hielt ich mir die Ohren zu und beugte mich mit dem Kopf auf meine Knie. Zufall? Gerade in dem Moment ging ein Schuss mit voller Wucht in einen Baum in der Nähe des Hochsitzes. Die Rücksplitter des Baumes hätten voll mein

Gesicht getroffen, wenn ich mich nicht geduckt hätte. Wer weiß, was passiert wäre. Voller Dankbarkeit verließen wir den Hochsitz. Zufall? Ich glaube es nicht. Etwas in mir hat mich zeitgenau ausgerechnet in diesem Moment diese mich schützende Körperhaltung einnehmen lassen.

# Aufgebrochene Autos

Es verschlug mich mal wieder in die Großstadt. Eine befreundete Firma hatte eine Ausstellung organisiert und ihre Kunden dazu eingeladen. Hausmesse nennt man so etwas. Eine Art Tag der offenen Tür. Netterweise durfte ich mit ausstellen. Ich übernachtete in der Firmenwohnung, die ca. zehn Minuten von der Firma entfernt liegt. Da ich wusste, wie schwer es ist, dort einen Parkplatz zu ergattern, überlegte ich hin und her, ob ich meinen sperrigen Transporter nicht besser über Nacht auf dem Firmenhof stehen lassen sollte. Dort erschien er mir auch besser aufgehoben. Eigentlich sprach alles dafür. Aus irgendeinem Grund ließ ich den Transporter dann aber doch nicht dort stehen, sondern fuhr zu meiner Unterkunft. Als ich am nächsten Morgen auf den Hof der Firma kam, erfuhr ich, dass alle dort geparkten Wagen in der Nacht geknackt worden waren.

Wie dankbar war ich Gott für den Schutz und die Bewahrung! Das war wirklich knapp gewesen, fast hätte ich mich anders entschieden. So aber konnte ich wie geplant nach Hause zurückkehren, wo ich bereits erwartet wurde, und musste mich nicht erst mit der Polizei, der Versicherung und einer fremden Autowerkstatt auseinandersetzen.

In Frankfurt hat es uns dann allerdings doch erwischt, und das ausgerechnet in einer eigentlich guten Wohngegend. Dummerweise hatten wir das Navigationsgerät über Nacht an der Windschutzscheibe hängen lassen. Es war schon uralt und bestimmt nur noch 20 Euro wert. Aber die Scheibe war am nächsten Tag eingeschlagen und das Navi herausgerissen. Meinen guten, x-mal teureren Rollwagen hatten die Diebe aber freundlicherweise drin gelassen. Genauso wie meine Ware, die ebenfalls ein Vielfaches des Navigationsgerätes wert war.

# Streit

Kennen Sie das? Streit in der Familie? Das ist wohl für jeden unerträglich. Streit vergiftet die Gedanken, lässt das Herz verbittern, wird mit der Zeit immer schlimmer bis unerträglich – besonders, wenn es mit den liebsten Menschen passiert, die man hat. Man fühlt sich im Recht, unschuldig und was nicht alles. Führt gedanklich stundenlange Gespräche mit dem Betroffenen, wacht mit der Situation auf und schläft mit der Situation ein. Mir ging es über einige lange Monate hinweg so. Noch schlimmer wird es, wenn man gemeinsame Bekannte oder gar Verwandte trifft. Was tun? Alle wissen von dem Zerwürfnis und schaukeln sich gerne daran hoch. Das dann auch noch!

Mein Pastor hat mir geraten, mindestens 15 Minuten täglich für die betroffene Person zu beten. Das fiel mir anfangs sehr schwer! Mit der Zeit veränderte sich die Situation jedoch. Ich fing an, kleine Geschenke zum Geburtstag und Ähnliches zu verschicken, Positives über die andere Person zu sagen, sie immer wieder in Gedanken zu segnen und für die Angelegenheit zu beten. „Herr, heile DU die Situation!"

Dann, eines Tages, kam der erlösende Anruf. „Du, ich bin in der Nähe, wollen wir uns mal treffen?“ Für mich ein Wunder, für das ich unendlich dankbar bin. In Jesaja 26,12 heißt es: „Aber uns, Herr, wirst du Frieden schaffen; denn auch alles, was wir ausrichten, das hast Du für uns getan.“

Den Tipp mit diesem kurzen Gebet „Herr, heile diese Beziehung“ gebe ich seither gerne an andere Menschen in verfahrenen Familiensituationen weiter. Viele haben erlebt, dass es ihnen geholfen hat, die Last der Verantwortung abzulegen, und dass sie danach wieder in Frieden leben konnten.

Ähnlich belastend wie Streit im Familienkreis ist Streit mit guten Freunden. Doch auch hier durfte ich schon erleben, wie Gebet Situationen verändert. Eine Freundin und ich arbeiteten über Monate hinweg zusammen an einem Projekt. Wir tauschten Ideen aus und gestalteten und machten und taten, bis alles fast fertig war. Natürlich hatten wir keinen Vertrag gemacht, wir wussten ja, dass wir uns verstehen, und waren davon ausgegangen: Das wird schon.

Plötzlich kam es zu schwerwiegenden Meinungsverschiedenheiten. Wir versuchten zwar beide einzulenken und waren willig, in einigen Punkten nachzugeben, aber unser Projekt, an dem wir so hart gearbeitet hatten, drohte zu scheitern. Monate an Arbeit für nichts und wieder nichts. Wir hatten uns völlig festgezurrt. Fassungslos versuchte ich die Situation von außen zu betrachten und mir Rat zu holen, aber nichts half mehr. Inzwischen herrschte zwischen uns Funkstille. Was tun? Ich konnte nur noch beten. Nach einiger Zeit kam plötzlich eine E-Mail: „Wir machen es so wie besprochen …“ Was für ein Wunder. Ich hatte schon alles zerstört gesehen wegen so eines blöden Streits. Erleichtert schoben wir beide – uns gegenseitig vergebend – die Angelegenheit vom Tisch.

# Zufall???

Michael und ich befanden uns mal wieder auf einer längeren Autofahrt. Wir lieben lange Fahrten. Dabei kann man sich gut unterhalten, wir sind zusammen und ich habe immer einen „Fresskorb“ dabei mit geschmierten Broten, Tee, Schokolade und allem, was man noch so brauchen könnte wie Eukalyptusbonbons oder Kekse. Zwei Tage überleben wir so locker. Manchmal verleitet uns aber auch ein großes, schon in der Ferne hell leuchtendes rotgelbes M am Abendhimmel zu einem frischen Cappuccino, Hamburgern, Pommes und all den anderen herrlichen Genüssen. Auf unseren Fahrten haben wir außerdem immer viel Vorlesestoff dabei. Der eine fährt, der andere liest. Das ist Glück! Oft lesen wir uns auch gegenseitig aus der Bibel vor. Ich frage dann: Was möchtest du gerne hören? Dieses Mal war der Wunsch Hebräer 4. Ich las vor und fand, das passte. Wir erinnerten uns, ach ja, da steht ja so viel über Ruhe drin. Wie passend! Dann äußerte Michael noch einen Lesewunsch: 2. Chronik 14, sagte er, einfach so aus dem Bauch heraus. Wir hatten keinen blassen Schimmer, was dort steht. Ich stellte es mir etwas langweilig vor, da in den Chroniken immer viel von Kriegen die Rede ist, aber gut. Doch was war? Genau wie in dem vorherigen Kapitel ging es auch in diesem immer wieder um das Thema Ruhe. Ruhe – ja, die brauchten wir dringend. Deshalb hatte ich auch extra ein kleines Büchlein über Ruhe eingesteckt. Was stellten wir fest, als wir es aufschlugen und mit dem Vorlesen begannen? Exakt diese beiden Schriftstellen standen am Anfang des Buches. Ein Wunder. Ich war mir sicher, dass Gott uns damit etwas sagen wollte, und wir haben es dann in der folgenden Zeit auch tatsächlich etwas ruhiger angehen lassen.

# Wir sind nicht allein

Vor einiger Zeit waren wir bei einer christlichen Konferenz, die in einer bedeutenden Kleinstadt in Thüringen stattfand. Der örtliche Pastor hatte die Veranstaltung organisiert und es waren viele Christen aus der Umgebung gekommen. Das Hotel, in dem wir untergebracht waren, lag an demselben Platz wie das kleine Einkaufszentrum, in dem die Vorträge und Gottesdienste stattfanden, nur auf der gegenüberliegenden Seite.

Abends gingen der 17-jährige Sohn einer Freundin und ich gemeinsam durch die Dunkelheit zurück zum Hotel. Es war ein lauer Abend und auf dem Platz waren viele Menschen versammelt. Wir waren noch ganz beschwingt von der besonderen Atmosphäre des Gottesdienstes, der Predigt, den schönen Liedern und den freundlichen Menschen, viele davon Bekannte. Doch jetzt waren wir quasi wieder „draußen". Der warme Sommerabend hatte viele junge Menschen mit ihren Autos nach draußen gelockt, die die Musikanlagen voll aufgedreht hatten. Plötzlich war es irgendwie gar nicht mehr so friedlich. Wir waren anders gekleidet als sie und dazu Fremde in der Stadt. Um ins Hotel zu gelangen, mussten wir an einer Gruppe angetrunkener, lauter, extrem kurzhaariger, schwarz gekleideter, Fitnessstudio trainierter junger Männer vorbei. Ich sagte nur: „Ich habe Angst!“ Die Antwort meines etwas wortkargen 17-jährigen Begleiters, der ganz ruhig neben mir herlief, lautete: „Wir sind nicht allein.“ Ein Wunder für mich, diesen gelassenen, ruhigen Satz aus dem Mund eines so jungen Menschen zu hören. Diese Situation hat mich sehr zum Nachdenken gebracht. Inwieweit mache ich mir in der Praxis die Gegenwart Gottes tatsächlich präsent und vertraue auf ihn?

# Der nicht so überraschende Überraschungsbesuch

Mit meinen Kollegen in der Nachbarschaft verstehe ich mich sehr gut. Wir halten zusammen. Das ist nicht selbstverständlich und ein Geschenk. Manchmal – besonders in der Ernte – telefonieren oder sehen wir uns sehr selten. Einmal telefonierte ich zum ersten Mal seit längerer Zeit wieder mit einer Kollegin. Ich hatte sie angerufen, da sich die Lieferung der Gläser für unsere Gelees verzögert hatte und ich mir welche von ihr ausleihen wollte. Ein nettes kleines Fachgespräch über die neue, sehr komplizierte Lebensmittelverordnung entspann sich, in dessen Zuge ich zufällig erfuhr, dass die Mitarbeiter vom Amt der Lebensmittelüberwachung gerade mal wieder in der Region waren und jeden Moment unangemeldet vor der Tür stehen könnten, was sie kurz darauf auch taten. Wir versuchen ja immer, alles so gut wie möglich zu machen und bekommen auch großartige Punkte bei den sogenannten „audits", den Kontrollen, aber im Laufe eines Arbeitstages kann schon auch mal etwas untergehen und so ist ein Hinweis in diese Richtung natürlich wunderbar. Das gibt einem die Möglichkeit, schnell noch einige Dinge zu richten und zu gucken, ob auch tatsächlich alles in Ordnung ist. Hatte ich wirklich nur zufällig gerade an diesem Tag mit genau der richtigen Kollegin gesprochen, die ich zuvor lange nicht angerufen hatte? Oder war es Fügung?

# Das verschwundene Auto

Dass man sein Auto mal in der Parkgarage sucht oder nicht mehr weiß, in welcher Straße genau man es abgestellt hat, das ist noch halbwegs nachzuvollziehen und sicherlich jedem schon passiert. Doch sein Auto auf einem zwar relativ großen, aber durchaus überschaubaren, nicht übermäßig frequentierten asphaltierten Parkplatz in der Uckermark nicht wiederzufinden, ist ziemlich unwahrscheinlich.

Es war Sommer. Mit vollem Einkaufswagen und heißen Füßen stand ich auf dem großen Parkplatz und suchte unseren blauen Passat. Er war weg, einfach weg. Ich war fassungslos. Es standen ca. 100 Autos auf dem Parkplatz und ich erkannte mit einem Rundumblick, dass keines davon unseres war. In meiner Verzweiflung sprach ich die Pflanzenverkäuferin an, die unweit meines Parkplatzes ihren Stand hatte, und stellte ihr eine ziemlich doofe Frage: „Haben Sie mein Auto gesehen?“ Sie zeigte zur Böschung, die sehr steil war. „Schauen Sie mal da, das passiert öfter!" Verdutzt fragte ich nach: „Wie bitte?" – „Na, der Parkplatz ist nicht ganz gerade und fällt etwas ab. Sie haben sicher vergessen die Handbremse anzuziehen!" Da hatte sie recht, das hatte ich tatsächlich nicht getan. Das mache ich eigentlich nie, sie könnte ja einfrieren, im Winter zumindest, und da ich mich auf gerader Ebene wähnte, war das doch auch unnötig. Reine Zeitverschwendung! Ich bin im norddeutschen Flachland groß geworden!

Tatsächlich entdeckte ich unser Auto auf dem Rasen am Fuß der Böschung. Es musste erst eine ziemliche Strecke auf dem Parkplatz gerollt sein, dabei vermutlich an Fahrt zugenommen haben, und schließlich mit Karacho die Böschung hinuntergesaust sein. Wie leicht hätte es Menschen erfassen oder auf der Straße unten noch weiterrollen können! Ich kletterte die Böschung hinunter, stieg in den Wagen und fuhr einfach weiter. Es war nichts passiert. Unfassbar! Meinem Mann habe ich diese Geschichte erst sehr viel später erzählt – das Auto fuhr ja. Irgendwann sollte man immer alles erzählen, und je früher desto besser natürlich.

# Newsletter schreiben

Wieder einmal war der Newsletter für unsere Kunden fällig, doch irgendwie wollten die Worte diesmal nicht richtig fließen. Mühsam rang ich mir einen Satz nach dem anderen ab. Das Schreiben wurde zur Qual. Zwischendurch klingelte immer wieder das Telefon und es kamen Kunden in den Laden, die bedient werden wollten. Dankbar stürzte ich mich auf jede Gelegenheit, vom Schreibtisch wegzukommen. Den ganzen Tag schlich ich um diese Hausaufgabe herum. Was sollte ich bloß schreiben? Spätestens ab 16.00 Uhr erschien mir die Aufgabe tonnenschwer. Ich musste den Newsletter dringend rausschicken, aber mir fehlte einfach jegliche Inspiration. Am Ende des Tages kam ich schließlich auf die glorreiche Idee, vielleicht einmal Gott zu bitten, mir zu helfen. Und siehe da: Innerhalb von einigen Minuten ratterte ich den Newsletter auf dem Computer herunter und war fertig. Nicht zu fassen. Woran liegt das, dass man immer alles aus eigener Kraft machen will, anstatt auf die Hilfe Gottes zu bauen? Dabei liebt er doch nichts mehr, als mit uns zusammenzuarbeiten.

Die Beziehung zu Gott muss mein Lebensstil sein. Doch wie schwer ist es oft, vom ewigen ICH-ICH-ICH runterzukommen und stattdessen über Jesus und Gott und den Heiligen Geist nachzudenken. Das gelingt nur, wenn ich mir Zeit freischaufele und wirklich in der Bibel lese. Jesus zum Fokus meiner Aufmerksamkeit zu machen, ist mein größter Wunsch, und das eben nicht nur in Zeiten, in denen ich dringend seine Hilfe brauche, sondern Tag für Tag, Stunde für Stunde, Minute für Minute. Da kommt Kraft, da kommt Weisheit her. Das ist die Quelle der Wunder!

# Ein Großauftrag

Wir hatten einen Großauftrag. Die Luft vibrierte. Ein Großauftrag, ein Großauftrag! Tausende von Apfel-Kürbiskern-Fruchtschnitten durften wir fertigen. Der ganze normale Arbeitsablauf geriet ins Wanken. Zeitpläne mussten eingehalten werden. Für diese Aktion wurden sämtliche Mitarbeiter herangeholt, alles andere musste warten. Wir wollten schließlich termingerecht liefern und wenn irgend möglich einen Nachfolgeauftrag bekommen. Welche Tüte, wie viele Zutaten, welches Etikett, wer macht was wann? Alles ging gut. Wir hatten ungefähr die Hälfte fertig, als die Zeit auf einmal zu rasen begann. Ohne Nachtschicht würden wir es nicht schaffen. Die Tüten, stellten wir fest, gingen nicht, sie waren unpassend und einfach nur falsch, außerdem kamen die bestellten Etiketten nicht. Ungefähr 2000 Schnitten mussten wieder aus- und umgepackt werden. Was für ein Zeitverlust! Was für ein Geldverlust! Langsam lagen die Nerven blank. Endlich fing auch ich einmal an, die arme, damit beauftragte Mitarbeiterin nicht alleinzulassen, sondern gemeinsam mit ihr zu rechnen und zu planen. Am wichtigsten ist es in solchen Situationen, keine Schuldzuweisungen zu machen. Wenn alle anfangen nervös zu werden, ist man immer so schnell damit zugange. Doch was nützt das? Die Stimmung zu bewahren und Gott in all das Chaos mit einzubeziehen, ist viel besser.

Die Umkartons, so heißen die Kartons, in die die einzelnen Verpackungseinheiten kommen, erwiesen sich als etwas zu groß. Ich hatte sie bestellen müssen, bevor ich millimetergenau wusste, wie groß letztlich alles werden würde. Jetzt blieb uns nichts anderes übrig, als noch mehr Handgriffe zu machen und mehr Füllmaterial einzusetzen, als einkalkuliert war. Bei einem oder zehn Kartons spielt das alles keine Rolle, aber wenn es in die Masse geht, ist auf einmal jeder Viertelcent interessant und jeder Millimeter. Es sollten immer 20 Tütchen in einen Karton und dann davon mehrere in den Umkarton. Ich verhob mich, das gebückte Arbeiten war extrem anstrengend, die Schmerzen setzten mir zu, die Zeit rannte. Trotz allem erfüllte mich dieser Großauftrag mit Freude. Es war eine Herausforderung ihn zu bewältigen, aber ich war mir sicher: Wir können es schaffen!

Dann war der Ausliefertermin gekommen. Wir feierten ihn wie ein Fest. Wir hatten tatsächlich alles rechtzeitig geschafft. Alle waren völlig erledigt, aber glücklich. Auf der Fahrt dankte ich Gott und bat um schnelle Überweisung der großen Rechnung. Erst dann konnte ich aufatmen, schließlich hatte ich bis dahin bereits viele Auslagen gehabt.

Monatelang hatte ich auf diesen Auftrag hingearbeitet, jetzt war es geschafft. Es waren so viele Hürden zu überwinden gewesen und wir hatten uns in viel Neues einarbeiten müssen, aber in all dem hatte ich immer wieder Gottes Wirken gespürt.

Nun hoffe ich natürlich auf Folgeaufträge, damit wir endlich mal in andere Dimensionen kommen, jetzt, wo wir wissen, wie das alles so geht. Ich träume von Eintütmaschinen, Beklebemaschinen, weiteren Arbeitsplätzen und, und, und. Ich träume von LKWs, die das Ganze vom Hof fahren, um hier am Ende der Welt, in der Mitte vom Nichts zwischen Berlin und der Ostsee, etwas Bleibendes, Wachsendes zu schaffen.

# Frieden im Betrieb

Es war ein eigenartiger Tag. Statt sich gegenseitig zu helfen und zu unterstützen, redeten die Mitarbeiter hinter dem Rücken der anderen böse übereinander. Es wurde gemobbt, gab ungerechte Schuldzuweisungen, Getuschel. Das mag ich ganz und gar nicht. Ich musste aufpassen, mich nicht in den Sog der Worte ziehen zu lassen. Ausgelöst worden war das alles durch eine Beschwerde. Der Cappuccino in unserem gerade eingeweihten Apfel-Café war nicht recht gewesen. Und überhaupt – es hatte Vorwürfe gehagelt. Die Frauen waren tief getroffen, zumal wir uns nicht wehren konnten, da die Beschwerde per E-Mail eingetroffen war. Ich hatte zurückgeschrieben und um die Postadresse gebeten: Wir würden ein Entschuldigungspäckchen zusenden. Keine Reaktion.

Ich ziehe mich in solchen Situationen erst einmal zurück, so auch diesmal, obwohl mich die sehr unfreundliche Beschwerde ebenfalls bis ins Mark getroffen hatte. Wie mächtig sind doch Worte. Ich versuche dann zur Ruhe zu kommen und um Frieden und Entwirrung des Knotens zu beten. Der Chef muss ja immer für gute Laune sorgen, und das gelingt am besten, indem er sie selbst hat. Ein Betrieb ist schließlich das Produkt desjenigen, der sich das alles in seinem Hirn und Herzen ausgedacht hat, dem all die Ideen geschenkt worden sind. Deshalb ist es am besten, in solchen Situationen erst einmal alles wieder zu sortieren und sich die Frage zu stellen, was das alles gegen die Ewigkeit ist. Und was ist gegen die Ewigkeit schon so ein vermasselter Cappuccino … ich brachte die ganze Angelegenheit vor Gott und bat um Frieden.

Ein kleines Wunder: Am Mittagstisch saßen alle wieder einträchtig zusammen und hatten sich den Rest des Tages selbst so organisiert, dass alles klappte. Ich war begeistert und zeigte das auch. Wir sprachen dann noch über einen Kunden, der sich nicht fair verhalten hatte, und ich sagte den Mitarbeiterinnen, unsere Devise im Betrieb sei es doch, Böses immer mit Gutem zu vergelten, und deshalb sei es gerade jetzt wichtig, großzügig zu handeln. Es herrschte einstimmig Erleichterung. Für mich war es ein Wunder, wie die Stimmung sich an diesem Tag doch noch zum Guten wendete und wir ganz normal weitermachen konnten.

# Der verlorene Autoschlüssel

Vor dem neuen Apfel-Café in Lichtenhain stand eine Zeit lang eine kleine Hütte aus Holz. Einmal hinterlegte ich dort den Zweitschlüssel meines Transporters in einer hübschen Dose, damit einer unserer Mitarbeiter den Wagen in unserer Abwesenheit nutzen konnte. Irgendwie kam es dann aber doch nicht dazu. Der Schlüssel geriet in Vergessenheit. Nach einiger Zeit merkten wir dann aber doch, dass er fehlte – leider waren in der Zwischenzeit Monate vergangen und ich konnte mich auf Biegen und Brechen nicht mehr daran erinnern, wann ich den Schlüssel zuletzt gesehen und was ich damit gemacht hatte. Ich suchte und suchte.

In dem Holzhäuschen hatte den Sommer über reger Betrieb geherrscht. Unzählige Touristen waren dort ein und aus gegangen, da ich darin einen kleinen Tisch mit Karten, Prospekten und vielem mehr zum Verschenken aufgebaut hatte. Die Tür hatte immer offen gestanden.

Irgendwann ging ich wieder einmal in das Häuschen und entdeckte die dekorative Dose. Schlagartig fiel es mir wieder ein. Darin hatte ich den Schlüssel versteckt! Und tatsächlich: Er war noch da. Was für ein Segen! Wie leicht hätte der Schlüssel entdeckt und mein geliebter Transporter gestohlen werden können. Was für eine Bewahrung, dass niemand auf die Idee gekommen war, die Dose zu öffnen oder einfach so mitzunehmen. Wie gut, dass sie überhaupt noch da war. Schließlich stand auf dem Schild im Holzhäuschen eindeutig: *zu verschenken!*

Ich habe Gott sehr gedankt. Es war für mich, als ob Gott die Augen von allen Menschen irgendwie an dieser doch recht hübschen Dose vorbeigelenkt hatte. Sie stand links unten neben der Tür relativ gut sichtbar. Aber keiner schien sie gesehen oder Interesse daran gehabt zu haben, was mir nachhaltig schleierhaft ist, da wir eben diese Dosen, mit Tee gefüllt, im Hofladen recht gut verkaufen.

# Grauer Alltag

Es gibt diese grauen Tage. Jeder kennt sie. Man macht immer das Gleiche und irgendwie fehlt einfach der Pepp. Das Wetter spielt dabei manchmal eine nicht unbedeutende Rolle. Und für Unternehmer auch das Monatsende, denn es bedeutet schon wieder Lohnzahlung. Meine Mutter sagte immer, ich wisse gar nicht, wie schnell so ein Monat um sei.

Da war er wieder, dieser blöde letzte Tag des Monats, und die Lohnzahlungen standen bevor. Es herrschte graues, kaltes, trübes Herbstregenwetter und wir arbeiteten alle so vor uns hin, als plötzlich ein mir schon aus meiner Kindheit vertrauter Ruf durch die Luft schallte: „Da kommt ein BUS!" Wie aus dem Nichts war er um die Ecke gebogen. Kurz darauf stiegen ca. 45 fröhliche, kauflustige, esswillige, kaffeedurstige Menschen aus. Unangemeldet. Etwas verlegen sagte der Reiseleiter zu mir, hier sei es doch immer so schön und da habe er gedacht …

Alle meine Probleme waren wie vom Tisch gefegt. Ein Wunder? Zufall? Gott? Eins weiß ich jedenfalls: Gott liebt es, wenn wir ihm vertrauen und mit ihm rechnen – auch mitten im Alltagsgrau.

# 2. Mai 2015

Was für ein Sturm im Wasserglas! Ich war einfach umgekippt. Rückwärts, auf die Stufen des Lieferanteneingangs, nach einem Einkauf im Großmarkt in Prenzlau an einem Samstag. Als ich nach ungefähr zwanzig Minuten wieder zu mir kam, schaute ich in Michaels Gesicht, der mich fragte: „Weißt du, was passiert ist?“ Ich starrte ihn nur an und verneinte. Es folgte ein mir nicht mehr präsenter Hubschrauberflug nach Berlin ins Krankenhaus. Ein Hubschrauber in Lichtenhain! Der Vorfall machte schneller im Dorf die Runde, als der Hubschrauber überhaupt auf dem Vorplatz landen konnte. Die wildesten Diagnosen wurden gestellt und das Gerede überschlug sich förmlich – wie das im Dorf eben so ist.

Was war passiert? Mit dem Kopf war ich sehr unglücklich, aber letztlich doch glücklich, auf die Stufen gefallen. Eine Gräfin fällt eben manchmal in Ohnmacht … besonders wenn sie in der Mittagshitze allein schwere Kisten mit Ware ausladen muss. Was alles hätte passieren können, aber nicht passiert ist, wurde mir erst später klar. So wäre ich zum Beispiel mit ziemlicher Sicherheit verblutet, wenn die Mitarbeiterinnen nicht gerade Dienstbeginn gehabt und mich rechtzeitig gefunden hätten. Wie die Ärzte mir mitteilten, hätte ich leicht einen dauerhaften Hirnschaden davontragen können. Und wie alles ausgegangen wäre, wenn Michael nicht dagewesen wäre, der die Situation souverän gemeistert hat, weiß kein Mensch. Hätte, hätte, hätte … So viel hätte passieren können, doch ich bin vergleichsweise glimpflich davongekommen. Und wissen Sie, mit welchem Vers meine Bibellese an diesem Morgen überschrieben gewesen war? Mit Psalm 145, Vers 14: „Der Herr hält alle, die da fallen …“ Es hätte nicht passender sein können!

## Nachwort

# Wunder in Ihrem Leben

Vor einiger Zeit fing ich an, meine ganz persönlichen Wunder aufzuschreiben und eine Liste zu erstellen. Ich wünschte, ich hätte das schon früher getan, denn dann wären es sicherlich noch viel, viel mehr. Wie schnell vergisst man wieder, was man mit Gott erlebt hat! Dabei hilft es gerade in sogenannten Dürrezeiten – also Zeiten, in denen man denkt, Gott sei ganz weit von einem entfernt – sich vor Augen zu führen, wie oft man schon Gottes Eingreifen und seinen Schutz erfahren durfte.

Es gibt viele Momente, in denen man ein Wunder dringend bräuchte und sehnlichst erhofft. Auf Knopfdruck. Aber so ist das leider auch wieder nicht … zumindest nicht immer. Wir hoffen auf ein Wunder beim Öffnen des Briefkastens, am Krankenbett, beim Starren auf den Kontoauszug und die Stapel an angehäuften Rechnungen. Bei Stress mit dem Chef oder den Kollegen oder in der Familie. Möge der Streit sich doch in Luft auflösen! Tatsächlich habe ich viele Male erlebt, wie schlimme Situationen sich plötzlich gewendet haben. Wie in scheinbar festgefahrene Situationen Bewegung kam, wie verhärtete Fronten sich auflösten. Wunder sind möglich. Wir dürfen mit ihnen rechnen, dürfen sie erbeten und erwarten. Aber manchmal haben wir auch das Gefühl, dass Gott unsere Gebete nicht hört – oder er erhört sie anders, als wir es erwartet haben. So haben wir zum Beispiel lange auf Kinder gehofft, aber keine bekommen. Und trotzdem ist es ein Wunder, dass Gott mich irgendwann von einer Sekunde auf die andere von diesem Schmerz geheilt hat und ich unbeschwert und gerne mit Kindern umgehe.

Manchmal ist Gottes Zeitplan ein anderer als unserer. Manchmal sind seine Pläne anders als unsere. Hin und wieder erkennen wir im Nachhinein, dass er in Situationen, in denen wir von seiner Abwesenheit überzeugt waren, ja doch da war. Dass er etwas getan hat, auch wenn wir das in diesem Moment nicht wahrgenommen haben. Manchmal sehen wir es aber auch nicht. Manchmal bleiben unsere Fragen und unser Unverständnis bestehen. Dann bleibt uns nur zu vertrauen. Zu vertrauen, dass Gott es gut mit uns meint und dass für die, die ihn lieben, letztlich alles zum Guten führt. Und zu warten. Darauf, dass wir in der Ewigkeit vor ihm stehen und ihm unsere Fragen ganz direkt stellen können. Wobei ich mir nicht sicher bin, ob uns das dann noch wichtig ist …

Vielleicht haben Sie viel spektakulärere Wundergeschichten erwartet und es hat Sie überrascht, dass ich viel von den ganz banalen Dingen des täglichen Lebens erzählt habe – wie dem Parkplatz direkt vor der Eingangstür zu einer großen Veranstaltung, nachdem ich Gott darum gebeten habe, obwohl alles brechend voll war. Aber ich glaube fest und erlebe es täglich, dass Gott gerade auch in den Alltagssituationen wirkt.

Und wenn er das in meinem Leben tut, dann tut er das im Leben eines jeden anderen auch. Erwarten wir diese Momente! Schärfen wir unsere Sinne dafür und treten wir in Kontakt mit ihm, indem wir mit ihm reden. Er lebt und ist ein Gott, der Wunder tut. Er liebt es so sehr, wenn wir mit ihm reden. Je mehr wir mit ihm reden und ihn kennenlernen wollen, was wir durch das Lesen in der Bibel tun können, desto mehr werden wir merken, dass er in unserem Leben anwesend ist. Gott ist nur ein Gebet von uns entfernt und er kümmert sich sofort, wenn wir uns ihm zuwenden. Vielleicht nicht immer so, wie wir denken, aber er ist da. So wie eine Ehe immer besser wird, je mehr man miteinander redet, so ist das auch mit Gott. Redet man nicht miteinander, entfernt man sich, redet man miteinander, nähert man sich wieder an. So einfach ist das. Im Neuen Testament, in Jakobus 4, Vers 8, heißt es: „Naht euch zu Gott, so naht er sich zu euch."

Allerdings sollten wir uns Gott nicht nur nähern, damit er in unserem Leben Wunder wirkt. Mein Pastor, Matthias Schmöcker aus Prenzlau, hat einmal gesagt: „Wenn man eine Beziehung mit Gott haben will wegen der Wunder, dann hat man keine Beziehung mit Gott. Das ist unabhängig davon. Egal, ob ich nun ein Wunder erlebe oder nicht, meiner Liebe zu Gott tut das keinen Abbruch. Es wird meine Beziehung zu ihm nicht erschüttern. Es braucht keine Weichtoastchristen, die auf Wunder warten, sondern Christen, die wissen, wie sie auf Situationen in ihrem Leben antworten und reagieren." Auf unsere Liebe zu Gott kommt es an. Darauf, dass wir ihn zur Nummer eins in unserem Leben machen. Und zwar nicht aus Berechnung, sondern weil er uns zuerst geliebt hat. Die Erlebnisse mit Gott im Alltag sind jedoch die natürliche Folge einer gelebten Gottesbeziehung.

Falls wir uns einmal kennenlernen sollten, fragen Sie mich ruhig nach weiteren Wundern in meinem Leben, denn ich habe nicht alles aufgeschrieben.

Es ist mein Wunsch, dass meine Erlebnisse Sie zum Nachdenken und Dankbarsein für das Wirken Gottes in Ihrem Leben anregen. Sicherlich fallen auch Ihnen viele Momente ein, von denen Sie sagen: Das war ein Wunder.

# Weitere Bücher von Daisy Gräfin von Arnim

Daisy Gräfin von Arnim
mit Kathrin Schultheis
**Die Apfelgräfin**
ISBN 978-3-86827-151-5
144 Seiten, gebunden

*„Die Wende war auch eine Wende in meinem Leben. ‚Jetzt ist alles möglich', schoss es mir durch den Kopf, als ich kurz nach dem Mauerfall erstmals ungehindert die innerdeutsche Grenze passierte. Dass dieses ‚alles' aber beinhalten könnte, dass aus mir einmal ‚Die Apfelgräfin der Uckermark' würde, hätte ich mir niemals träumen lassen."*

Humorvoll, offenherzig und liebevoll erzählt Daisy Gräfin von Arnim von ihrem Neuanfang in der Uckermark. 1995 zog sie mit ihrem Mann Michael nach Lichtenhain und baute sich dort ein neues Leben auf. Mittlerweile führt sie ein kleines Apfelunternehmen und beschäftigt mehrere Mitarbeiter. In amüsanten, aber auch nachdenklichen Anekdoten gewährt sie Einblicke in ihren Alltag und lässt lebendig werden, wie aus ihr „Die Apfelgräfin" wurde.

Daisy Gräfin von Arnim
**Himmlische Köstlichkeiten**
*Zu Gast bei der Apfelgräfin*
ISBN 978-3-86827-196-6
144 Seiten, gebunden

Der Bildband rund um das Thema Apfel ist ein Fest für Leib und Seele, Geist und Sinne. Kulinarische, geistliche, kulturgeschichtliche und historische Aspekte wechseln sich ab mit Tipps zu Tischkultur, Dekoration und gesellschaftlichem Auftreten. Abgerundet wird der literarische Leckerbissen durch köstliche Rezepte aus der Delikatessenküche von Haus Lichtenhain.

Daisy Gräfin von Arnim
**Von Herzen,**
**Ihre Daisy von Arnim**
ISBN 978-3-86827-343-4
96 Seiten, gebunden

Gedanken, Einsichten und persönliche Erfahrungen rund ums Thema Herz. Ob es Bibeltexte sind oder ihre Lieblingsgedichte oder Geschichten „mit Herz“ – die Apfelgräfin erzählt davon, was ihr besonders „am Herzen liegt“, führt uns zu verborgenen Kunstschätzen der Uckermark und gibt Tipps für kreative Rezepte.

Daisy Gräfin von Arnim
**Mit der Apfelgräfin durch das Jahr**
*Landleben damals & heute*
ISBN 978-3-86827-389-2
176 Seiten, gebunden

Daisy Gräfin von Arnim nimmt uns mit auf eine Reise durch das Jahr. Sie erzählt von ihrem Alltag in der schönen Uckermark im Wechsel der Jahreszeiten, gibt Gestaltungstipps für die Feste des Jahreskreises und verrät viele leckere Rezepte. Stimmungsvolle Fotos und Original-Aufzeichnungen geben spannende Einblicke in das Landleben auf einem Gutshof der Familie von Arnim um 1920 und heute.